Das Veilchen am Wegrand

Warum die Liebe im Detail steckt

Band 8 aus der Serie

«Gesellschaft verstehen».

Copyright und Design:

Michael von Känel

Verlag:

www.denkmalnach.ch

Inhalt

1 Einleitung

Dieses Büchlein hier ist eine Art Erinnerung an das Glück des Lebens, das im Kleinen zu finden ist; das sich uns eben im Veilchen am Wegrand präsentiert.

Aber wissen wir überhaupt, wie ein Veilchen aussieht? Und nehmen wir das Veilchen wahr, wenn wir an ihm vorbeigehen?

Um die Problemstellung zu veranschaulichen, wird in diesem Büchlein ein Weg gewählt, der auf das eingeht, was ist, wenn es kein Veilchen am Wegrand wahrzunehmen gibt. Und weil uns so immer nur Leere und Verdruss begegnen würden, sollen alternative Möglichkeiten aufgezeigt werden, wie wir selbst dazu beitragen können, dass überall Veilchen zu wachsen beginnen.

Wozu Kunst und Kultur gut sind? Sie erinnern uns dran, dass der Mensch von mehr lebt als vom Brot allein. Denn wir brauchen auch Nahrung für unser Herzen, auf dass unser inneres Auge lernen darf, Schönheit zu erkennen:

> *Schläft ein Lied in allen Dingen,*
> *die da träumen, fort und fort.*
> *Und die Welt hebt an zu singen,*
> *triffst du nur das Zauberwort.*
>
> *(Joseph von Eichendorff)*

Einmal mehr wirken die Thematik und der gewählte Ansatz für dieses Büchlein etwas verklärt. Und man kann sich zurecht fragen, was solche Literatur in der heutigen Zeit zu suchen hat. Aber genau darum geht es ja: Wenn alle ihre Wohnung mit den gleichen Dingen verschönern, die von der gleichen Möbelhauskette weltweit vertrieben werden, dann wird das Lied, das diese Dinge singen, langweilig, öde und monoton.

Stattdessen könnten wir selbst aus einem Stück Karton, einer Schere, ein paar Farbstiften, etwas Leim und einem Föhrentannzapfen ein Eichhörnchen basteln, das wir dann an einem Faden aufhängen. Und weil es niemals zweimal auf der Welt den gleichen Föhrenzapfen gibt, und weil niemand einen Eichhörnchenkopf und einen Eichhörnchenschwanz auf die gleiche Weise malt, entsteht so ein Unikat. Es entsteht so etwas, wie ein Veilchen am Wegrand, sobald dieses selbstgebastelte Eichhörnchen irgendwo aufgehängt wird. Klein und unscheinbar – aber einzigartig – würde es uns darauf hinweisen, dass da jemand etwas erschaffen hat, auf dass es denjenigen ein Lied vorsinge, die auch Kleinigkeiten in ihrer Achtsamkeit wahrzunehmen imstande sind.

Nun, dies sind alles nur einleitende Wort, die der Thematik auf die Sprünge helfen sollen. Da dies nun aber geschehen ist, wollen wir konkreter werden:

Im zweiten Kapitel geht es um eine Erfahrung, die der Autor machen durfte, ähnlich der, die er als Ausganglage für das Büchlein «*Selbstwirksamkeit – Wie uns der gekaufte Komfort unserer Selbstbestimmung beraubt hat*» gemacht und verwendet hat. Diese Erfahrung soll geschildert werden, auf dass ein Verständnis dafür erwachsen kann, worum es in diesem Büchlein geht, und warum wir ein Veilchen am Wegrand brauchen.

Eine Art Hoffnungslosigkeit überkam den Autor, als er zwangsläufig drei Stunden lang die Lebensbedingungen in diesem Vorort einer Industriestadt beobachtete. Und er überlegte sich, warum dem so ist. Und was dagegen getan werden könnte.

Die einzige plausible Lösung, die ihm in den Sinn kam, war die mit dem Veilchen am Wegrand. Utopie, ganz klar. Aber ein Ansatz für ein Gedankenkonstrukt, das helfen könnte, das zu bewahren, was uns Freude im Leben erfahren lässt.

Kommen wir nun aber zur Schilderung der konkreten Situation:

Der Autor holte mit zweijähriger Verspätung seine Velotour im grenznahen Ausland doch noch nach. Er konnte diese, wie im Büchlein *«Selbstwirksamkeit»* genauer geschildert, aufgrund äusserlich auferlegter Zwangsmassnahmen nicht vorher durchführen.

Und so stieg er an einem regnerischen Morgen aus dem Zug aus und fuhr mit seinem Fahrrad los über die Hügelzüge hin Richtung Grenze. Er fuhr vorbei an einem See, der im Sommer für unzählige Touristen eine Attraktion und somit ein Ort zum Verbringen des Urlaubes bildet. Dann ging es landeinwärts über sachte Hügel, durch Wälder und über Weiden. Ab und zu ein Bauernhof oder Dörfer mit einer Hand voll Häuser. Aber abgesehen von Lastwagen und Autos, die mit verhältnismässig hoher Geschwindigkeit vorbeifuhren, waren kaum Menschen oder irgendwelche Lebenszeichen von Menschen zu erkennen. Die Gegend schien beinahe ausgestorben, die Dörfer leer.

An diesem Tag fuhr der Autor noch bis zu einer Quelle eines Flüsschens, die sich aus der Felswand hinaus ergoss. Ein schöner Anblick und ein lohnendes Erlebnis. Denn Frische strömte mit diesem Wasser ans Tageslicht.

Nach der geruhsamen Besichtigung ging es noch weiter bis in ein kleines Städtchen zum Übernachten. Hier gab es Tourismus und somit auch mehr Leben als in den Dörfern rings umher. Aber trotzdem wirkte dieses Städtchen irgendwie müde. Im Zentrum gab es eine Art Park mit Sitzbänken, Bäumen und Blumen. Hier fühlte sich der Autor wohl. Aber sonst gab es nur die Häuserreihen, die Abfallcontainer, Autos auf Parkplätzen und ab und zu ein kleines Geschäft, das geschlossen war. Einkaufen konnte man nur im einen Supermarkt des Ortes.

Am nächsten Tag ging es über weitere Hügelzüge weiter landeinwärts. Die Gegend wurde noch ländlicher, die Dörfer wurden seltener. Wohl weil das Wetter aufhellte, sah man ab und zu Leute, die mit Kartoffelernte, mit Maschinenarbeit auf den Feldern oder mit Brennholzarbeit beschäftigt waren. Aber im

Vergleich zu dem, was der Autor sich von seinem Zuhause her gewohnt ist, lief wenig bis nichts. Natürlich, die Natur hat es ziemlich gut, dort wo nicht industriell Landwirtschaft betrieben werden kann, und wo sonst auch nicht viel läuft...

Und dann näherte sich der Autor der Hauptstadt des Bezirks an. Eine Schnellstrasse mit viel Verkehr und Unruhe. Dann endlich die Abzweigung auf den Veloweg, dem Fluss entlang bis zur Stadt und zur Bleibe des Autors.

Nach einer Dusche und frisch umgezogen besichtigte der Autor die Stadt. Besonders der Stadtkern und die Festung auf dem Hügel beeindruckten auf ihre Weise. Man fühlte Kultur, Tourismus, Wirtschaft und Gewerbe. Es gab viele Leute in der Stadt, die einkauften, auf dem Nachhauseweg von der Arbeit waren oder einfach in den Cafés etwas tranken. Der Autor kam an der Uni vorbei, die ihre Wirkung auf die Stadt zu haben schien. Er besuchte aus Neugierde und kulturgeschichtlichem Interesse kurz die Kirche und war erstaunt, dass mehrere Leute, darunter auch Jugendliche, Ruhe und Andacht suchten. Eine angenehme Atmosphäre in dieser Kirche, ganz sicherlich...

Nach einem kleinen Abendessen verbrachte der Autor eine verhältnismässig ruhige Nacht, auch wenn Verkehrslärm und die Geschäftigkeit hier im

Stadtumkreis deutlich stärker wirkten als im Stadtkern selbst.

Am nächsten Tag fuhr der Autor dem Fluss entlang wieder zurück in Richtung Landesgrenze. Auf dem Fahrradweg traf er, abgesehen von einem Angler, mit dem er sich aufgrund des gefangenen Hechtes unterhielt, und ein paar Sporttreibenden niemanden. Er war allein unterwegs, und das fast vierzig Kilometer lang. In der Mitte des Nachmittages kam er im kleineren Städtchen an, in dem er übernachtete. Er kaufte sich etwas zu trinken – wiederum im einen Supermarkt – und setze sich an den Fluss. Gegen Abend kamen ziemlich viele Radfahrer, Jogger und Spaziergänger vorbei. Die Atmosphäre fühlte sich angenehm an und der Autor döste im Halbschatten der Bäume vor sich hin, bis es Zeit war, um im Hotel einzuchecken, das erst um achtzehn Uhr öffnete.

Dieses kleine Hotel mit Restaurant schien leer, bis gegen zwanzig Uhr. Dann kamen verhältnismässig viele Gäste und assen zu Abend. Da es kaum ein anderes Restaurant im Städtchen gab, das mit gleichem Menüangebot aufwarten konnte, fand sich eine bunt gemischte Gästeschar ein, bestehend aus Touristen auf der Durchreise, Handwerkern und Fernfahrern, drei Frauen, die einen Geburtstag feierten und zwei drei Pärchen, die gemeinsam den Abend zubrachten. Der Autor verbrachte einen angenehmen Abend mit feinem Essen und unterhaltsamen Gesprächen.

Dann aber war der Fahrradurlaub irgendwie vorbei. Denn als der Autor am nächsten Morgen dieses Städtchen verlassen hatte, führte der Fahrradweg zwar noch immer weiter dem Fluss entlang. Aber es gab kaum noch Leute, die anzutreffen waren. Nur noch Autos und Lastwagen auf der Überlandstrasse auf der anderen Flussseite. Ab und zu grössere Dörfer, die aber ausgestorben schienen. Der Einfluss der Bezirkshauptstadt schien nicht mehr bis hierhin zu reichen. Es wurde karger und öder.

Dann näherte sich der Autor der letzten grösseren Stadt vor der Grenze an. Als erstes kam er an der Abwasserreinigungsanlage vorbei, die ihren negativen Einfluss auf die Atemluft hatte. Dann musste der Autor mehrmals um Ansammlungen menschlicher Exkremente auf dem Fahrradweg herumfahren. Auch hier war der Gestank penetrant. Und auf dem grossen Parkplatz, der dann folgte, waren Dutzende von Wohnmobilen und Wohnwagen zu erkennen. Dann etwas weiter, auf der anderen Seite der Autobahnbrücke reichte ein Vorort der Stadt bis hin zum Fluss. In diesem Vorort hatte der Autor ein Zimmer reserviert für die Nacht. Aber das Hotel war vorerst noch geschlossen. An der Fassade bröckelte die Farbe. Bei der in die Jahre gekommene Gaststube waren di Vorhänge gezogen, so dass man nichts sehen konnte. Also beschloss der Autor, sich einen angenehmen Ort zu suchen, um zu warten.

Er kaufte sich im halbleeren Kleinsupermarkt ein Getränk und setzte sich am Fluss auf eine Bank. Um ihn herum lag Abfall. Im Fluss selbst lag Abfall am Grund. Hinter dem Autor stand die Kirche. Niemand betrat sie während der ganzen Zeit, in der der Autor wartete. Zwei drei Obdachlose kamen vorbei. Ein sehr junges Pärchen mit einem kleinen Kind. Zwei Rentner, die sich auf eine Bank setzten.

Nach gut einer Stunde ging der Autor zurück zum Hotel, um nachzusehen, ob in Zwischenzeit jemand da war. Noch immer nichts. Darum ging er nochmals etwas zu trinken kaufen. Der kleine Supermarkt war noch immer halbleer. Die einzuräumende Ware stand teilweise in den Gängen, aber der Verkäufer sass, wie eine Stunde zuvor, an der Kasse in sein Smartphone vertieft.

Der Autor suchte sich auf dem Fahrrad einen anderen Ort am Fluss, um sich hinzusetzen und zu warten. Aber er fand nichts. Nur Häuser, Strassen und dann das verwilderte Flussufer. Darum ging er zurück zur Kirche und setzte sich wieder auf die Bank. Auf dem Weg dorthin kam er durch das, was man das Zentrum dieses Vorortes nennen könnte. Die wenigen Menschen, die er antraf, waren am Einkaufen oder standen vor der einzigen Bar, die geöffnet hatte, und rauchten. Der Autor fühlte eine Art von Leere, Langeweile und Hoffnungslosigkeit.

Vorne am Fluss bei der Kirche dann merkte man, dass sich die Leute auf dem Nachhauseweg von der Arbeit befanden. Es kamen mehr Fussgänger, die bestimmten Schrittes Richtung Busshaltestelle unterwegs waren. Der Verkehr über die Brücke des Flusses nahm stark zu. Und um achtzehn Uhr wagte sich der Autor ein drittes Mal durch den Feierabendverkehr zum Hotel. Dort war die Chefin, eine Frau in Rente, nun anwesend und zeigte dem Autor auf höfliche Weise sein Zimmer. Es schien, als würde kaum noch jemand die Gästezimmer benutzen, selbst wenn alles sauber und ordentlich war.

Der Autor suchte sich am Abend dann ein Restaurant, um etwas zu essen. Hier war viel los – aber es gab auch nicht gerade viel Auswahl in Bezug auf andere Restaurants. Aber irgendwie fühlte sich der Autor nicht wohl. Die Eindrücke der bisherigen drei vier Stunden Aufenthalt in diesem Vorort beschäftigten ihn und wirkten bedrückend. Er versuchte dieses stark einwirkende Gefühl auf ihn zu definieren: Es war Hoffnungslosigkeit und fehlende Lebensfreue, die er wahrnahm.

Und am letzten Tag auf der Heimfahrt dem Fluss entlang bis zur Grenze und somit dem Ende der Fahrradtour überlegte er sich, weshalb in diesem Vorort dieser Industriestadt so viel Leere, Bedrücktheit und fehlende Lebensenergie wahrzunehmen war. Und was man tun könnte, damit das Leben dort angenehmer würde.

Gegen die Grenze zu schien sich die Wirkung der kleinen Dörfer und ihre Ortsbilder zu verändern. Sie wirkten wieder lieblicher und angenehmer. Der Autor versuchte herauszufinden, woran dies liegen könnte. Er beobachtete die Ortseingänge, die Häuser, die Gärten und die Strassenränder genauer und konnte regelmässig Kleinigkeiten feststellen, die jemand mit Liebe von Hand gemacht, gepflanzt, verziert oder hingestellt hatte.

Und so kam der Autor zum Schluss, dass es im Vorort, in dem er den Vorabend verbracht hatte, an all den kleinen Dingen fehlte, die unsere Leben lebenswert machten. Denn es gab keine Blumen. Ausser dem Kriegsdenkmal, auf dem übrigens viel mehr Namen aufgelistet standen als in den anderen Ortschaften, wo der Autor solche Denkmäler betrachtet hatte, war kein Kunstwerk, kein Bild und keine Skulptur zu sehen. Die Geschäfte und Bars waren kaum herausgeputzt. Nirgendwo war Liebe zum Detail erkennbar. Alles stand einfach da und schien durch das Nagen des Zahns der Zeit zu verkommen.

Und so kam der Autor zum Schluss, dass die Menschen ihre Umgebung selbst annehmlich machen können, indem sie über ihre Selbstwirksamkeit Kleinigkeiten erschaffen, die sie dann im und ums Haus, oder im öffentlichen Bereich des Ortes, ausstellen und wirken lassen. Und der Autor beschloss, diesen Ansatz zu untersuchen und zu verfolgen. Und nach und nach erwuchs daraus die Idee für dieses Büchlein hier.

Also, es geht um das Veilchen am Wegrand und seine Wirkung auf uns Menschen. Es geht um die Liebe zum Detail. Und dann, wenn kein Veilchen wachsen kann, haben wir immer noch die Möglichkeit, selbst eine Blume zu pflanzen oder sonst etwas, was aus unserer Selbstwirksamkeit und unserer Liebe zum Kleinen entstanden ist, darzubringen.

Würde man an bestimmten Orten schöne und teure Dinge aus- und aufstellen, dann wären diese am nächsten Tag bereits weg. Denn Armut in der Umgebung lässt allem, was einen materiellen Wert hat, Flügel wachsen.

Aber es gibt vieles, was man nicht entwenden und versetzen kann, weil niemand dafür zu zahlen bereit ist. Genau solche ideellen Dinge sind es, die einen Ort im Kleinen lebendig machen und Lebensfreude ausstrahlen. Wir wollen diesen Dingen im nächsten Kapitel näherkommen.

3 Aufruf zum Unrentablen

My home is my castle!

Ja, der Engländer weiss, dass die königlichen Paläste viel prunkvoller und edler sind als sein eigenes Zuhause. Und er kann es sich auch nicht leisten, sein Zuhause so auszustaffieren, dass es wie ein Palast wirken würde. Aber der Engländer weiss um den ideellen Wert seines Zuhauses. Er richtet es sich mit den Mitteln ein, die ihm zur Verfügung stehen. Er macht sich ein Zuhause aus all den kleinen Dingen, die auf emotionaler Ebene wertvoll für ihn sind.

Der Autor hat diese Liebe zum Detail nicht nur in England beobachten können. Er war auch kurz nach der Wende im Osten Deutschlands und fand manche Wohnungen einfach und schlicht, aber adrett und gemütlich eingerichtet. Nein, keine Wertgegenstände. Aber kleine Bilder, einen Nussknacker in der Ecke, Blumen auf dem Tisch und Erinnerungsstücke auf der Kommode.

Alles, was durch eine persönliche emotionale Bindung aufgewertet wird, fängt an zu wirken. Und es wirkt immer stärker, je mehr Emotionen in Form von Freude und Wertschätzung hineinfliessen.

Manche Leute haben das Glück, dass sie sich nicht nur auf ihre Wohnung beschränken müssen. Sie haben ein Häuschen mit Umschwung und können darum auch das Aussen mit liebevollen Details bedenken. Was wären in Österreich oder in der Schweiz all die Holzhäuser und Chalets, wenn keine Geranien auf den Fensterbrettern blühen würden? Was wäre Holland ohne seine Windmühlen, die zwar schon lange kein Korn mehr mahlen, aber dennoch funktionstüchtig gehalten wurden? Was wäre die Provence ohne die unzähligen Lavendelstöcke, die vor den Mauern erblühen und eine Vielzahl von Insekten anlocken und versorgen?

Man könnte glauben, Menschen würden Traditionen und ihr kulturelles Erbe am Leben erhalten, weil sie Angst haben, sie könnten ihre Identität verlieren. Aber ist es wirklich das? Ist es nicht vielmehr die Tatsache, dass gewisse Dinge schon immer dem Leben etwas mehr Liebe und Sinnhaftigkeit gegeben haben?

Im traditionellen Jodellied *Ds Müettis Gärtli* (Mütterchens Gärtlein) von *Margrith Inäbnit* fragt sich eine Bauersfrau, warum ihre Mutter immer Blumen im Garten anpflanze, wenn man doch viel besser Gemüse anbauen würde, welches man essen kann. Und in der letzten Strophe des Liedes folgt dann die Erkenntnis:

Was die Blumen in unserem Garten sind,
Ist die Freude in unserem Leben.
Wir könnten ohne fast nicht sein,
der Alltag wär' vergeben.
Deshalb brauchen wir von Zeit zu Zeit

Ein Blümchen auf unserem Lebensweg
Deshalb brauchen wir der Zeiten wegen
Blumen auf unseren Lebenswegen.

Das Lied ist im Original in Mundart und die Übersetzung erfolgte frei und zügig durch den Autor. Er bittet den Verlust an Wirkung durch die mangelnde Reimwirkung und die nicht reinen Versfüsse zu entschuldigen. Aber die Aussage bleibt dennoch erkennbar: Es muss nicht alles Ertrag und Gewinn abwerfen! Viel besser leben wir, wenn die Freude auch Platz finden darf in unserm Alltag.

Und so lässt es sich erklären, dass tausende von Hobbygärtnerinnen und Hobbygärtnern täglich das ganze Sommerhalbjahr lang ihre Blumen giessen, sie hegen und pflegen, auf dass sie erblühen. Und sie tun dies jedes Jahr wieder. Und es bringt finanziell nichts, im Gegenteil. Aber es erfreut die Gärtner und die Passanten. Und wenn viele Menschen eines Ortes über Blumen, Kunstwerke, Besonderheiten oder über liebevolle Pflege ihren Teil zum Ortsbild beitragen, dann wird das Leben in diesem Ort lieblich und schön.

Klar, für manche wirkt dieses «Bünzlige», Biedermeierliche oder Kleinbürgerliche schon fast erdrückend. Es ist nicht jedermanns Sache, wenn alles herausgeputzt, pedantisch geordnet und immer gleich ist. Aber der Autor meint auch nicht diese Art von Liebe zum Detail. Er bezieht sich auf die Art, wie Kinder die Sache aus ihrer Natur heraus angehen. Sie malen Bilder ihrer Welten. Diese Bilder soll man aufhängen und betrachten. Kinder bemalen Steine mit bunten Farben. Diese Steine darf man am Wegrand an einen besonderen Platz legen, so dass sie Passanten zu erfreuen vermögen. Kindern schnitzen oder basteln, wenn man ihnen die Möglichkeit dazu gibt. Was daraus entsteht, kann zum Veilchen am Wegrand werden, wenn man nur Wertschätzung dafür aufzubringen vermag.

Und was Kinder können, dass können wir Erwachsene doch wohl auch?

Fernsehen oder auf dem Netz herumsurfen sind ja auch nicht gerade die rentabelsten Tätigkeiten. Warum nicht diese Zeit dafür verwenden, um ein Vogelhaus zu basteln und sich dann daran zu erfreuen, wenn Familie Kohlmeise einzieht? Warum nicht ein paar Blumen pflanzen, dort, wo sonst Steingärten entstehen, weil alle zu überdrüssig sind, der Natur einen Platz zur Wirkung auf uns einzuräumen?

Nein, es muss nicht alles rentabel sein. Aber alles sollte von Herzen kommen. Denn was von Herzen kommt, schwingt höher und hat darum viel mehr positive Wirkung auf uns und auf alle anderen Lebewesen. Oder haben Sie schon mal einen Schmetterling gesehen, der sich einen Steingarten aussucht zum Verweilen? Nein, es ist das Liebevolle, das Lebendige, was zum Leben erwacht, indem es andere Lebewesen anzieht oder zumindest deren Aufmerksamkeit auf sich zieht.

Und es braucht auch nicht viel und auch nichts Grosses, damit eine positive Wirkung entstehen kann. Das Geheimnis liegt nicht in der Menge, der Grösse oder der Auffälligkeit. Das Geheimnis liegt im Detail verborgen. Und darum wollen wir das Detail genauer untersuchen, um uns ihm anzunähern.

4 Warum Details?

Ein Detail ist eine kleine Besonderheit, die dazu beiträgt, dass etwas einzigartig und somit eigenständig wird.

Ein Detail bedarf unserer Beachtung, damit es wirken kann.

Ein Detail läuft ständig Gefahr, übersehen zu werden. Dabei besteht alles, was ist, aus lauter Details.

Das Detail ist also das, was zusammen mit vielen anderen Details zum Ganzen führt.

Ähnlich wie in einem digitalen Bild jeder Pixel für sich ein Nichts ist, ist auch das Detail ein nichts, wenn man es nicht wahrnimmt und wertschätzt, indem man es im Gesamtzusammenhang betrachtet. Und bezogen auf die Hoffnungslosigkeit in unserem Vorort der Industriestadt könnte es helfen, im Kleinen zu suchen zu beginnen, auf dass über die gefundenen Details auch Hoffnung erwachsen kann.

Aber Hoffnung findet sich viel schneller, wenn der Mensch selbst über das Erschaffen von Details Einfluss nimmt. Denn der Mensch trägt die Kreativität in sich. Es ist dies ein Geschenk der Schöpfung. Und wenn ein Mensch etwas mit seinen eigenen Händen tut, dann kann er nicht anders, als Dinge zu erschaffen, die aus lauter Details, oder sagen wir, Eigenheiten bestehen. Und in jeder

Eigenheit ist ein Teil des Urhebers, des Schöpfers enthalten. Wenn also möglichst viele Menschen etwas erschaffen und dieses mit anderen teilen, indem sie es ausstellen, vorsingen, wirken lassen oder pflegen, dann tragen sie damit zu einer Gesamtwirkung bei, die umso stimmungsvoller zu wirken vermag, wie mehr Details in ihr enthalten sind.

Aber was schreibt der Autor da!? Wer hat in der heutigen Zeit noch Lust, jemanden über ein Gedicht zu erfreuen? Wer schenkt noch einen selbstgepflückten Blumenstrauss? Und auf welcher Wiese wachsen überhaupt noch Blumen?

Es gibt viele Gründe, alles über Geringschätzung und Fatalismus zunichtezumachen. Es geht einfacher, sich mit Geld Konsum zu beschaffen und sich dem Genuss und Schwelgen hinzugeben, anstatt sich selbst kreativ zu betätigen und so dazu beizutragen, dass Hoffnung und Lebensfreue für all diejenigen erwachsen kann, die Details wahrnehmen und sich darum an ihnen erfreuen können.

Es ist halt nun mal so, dass Selbstwirksamkeit unseres Willens und unseres Einsatzes bedarf. Und beides braucht Energie, also eine Kraftanstrengung. Ohne Hoffnung und ohne Lebensfreude ist es viel schwieriger damit zu beginnen, seinen eigenen Beitrag in Form eines Details zu leisten. Und darum ist es so wichtig, dass wir einander helfen, mit etwas zu beginnen.

Dieses Büchlein ist darum eine Art Aufruf an alle, sich ab und zu über das Erschaffen eines liebevollen Details – über das Pflanzen eines Veilchens am Wegrand – in die Gemeinschaft einzubringen. So können wir einander helfen.

Als der Autor das Titelbild dieses Büchleins gemalt hat – das ist schon einige Jahre her – da hat er das Bild für sich gemalt. Er hat es gemalt, weil er den Wunsch in sich verspürt hat, nicht nur den Fluss des Lebens hinunter zu paddeln, sondern ab und zu Halt zu machen um zu verweilen und ein Feuer zu entfachen. Auf dass dieses Feuer anderen Wärme und Licht spende. Heute ziert ein Teil dieses Bildes die Titelseite dieses Büchleins. Wer weiss, vielleicht zieht ja dieses Bild den Blick eines potenziellen Lesers an und bewegt ihn dazu, dieses Büchlein hier zu lesen. Und wenn dies mehrmals geschehen würde, und jeder Leser ab und zu ein Detail erschaffen und es seinen Mitmenschen zum Geschenk machen würde, indem er es irgendwo hinlegt oder es neben seiner Haustüre aufhängt, dann kann einander geholfen werden.

Als der Autor mit seiner damaligen Partnerin in seine erste Wohnung einzog, wirkte dieser Wohnblock kalt und karg. Es wohnten acht Parteien in diesem Hausteil und benutzten denselben Eingang. Man grüsste zwar, kannte sich aber nicht. Und man hatte auch keine Berührungspunkte. Als aber die Freundin des Autors einen grossen Blumentopf vor den Hauseingang hingestellt und drei verschiedenfarbige Astern hineingepflanzt hatte, wurde im Haus herumgefragt, wer denn wohl diese Blumen organisiert habe. Es war etwas Kleines. Aber es wirkte! Es war allen Bewohnern anzumerken, dass sie sich an diesen Blumen erfreuten; jedes Mal, wenn sie nach Hause kamen. Und so kümmerte sich die Freundin des Autors weiter um diesen Blumentopf, indem sie viermal jährlich etwas hineinpflanzte. Und irgendwie wurde dieser Topf zur Gemeinsamkeit für alle Bewohner. Und besonders die älteren Leute erfreuten sich sehr am Umstand, dass eine junge Frau mit ihrer Liebe zum Detail einen Farbklecks in Form von Blumen in ihr Leben brachte.

Ja. Manchmal tut man etwas und weiss gar nicht so recht, was man damit alles zu bewirken vermag. Es ist einfach und unkompliziert, anderen Menschen über ein kleines Detail auf irgendeine Weise Hilfe zukommen zu lassen. Wer hilft, der gibt. Und geben ist seliger denn nehmen.

Wir wollen darum dem «einander Helfen» noch etwas mehr auf den Grund gehen.

5   Einander helfen

Es hat sich gezeigt, dass Hilfe nur nützt, wenn sie zur Selbsthilfe beiträgt. Denn wenn jemand etwas einfach so erhält und selbst dann nur zu konsumieren braucht, dann wird er bequem und träge.

Besonders materielle Hilfe schadet also oft mehr, als dass sie nützt. Und wohl auch deshalb hat *Maria Montessori* das geflügelte Wort geprägt: *«Hilf mir, es selbst zu tun!»*

Also, wenn wir helfen wollen, dann nicht, indem wir andern ihre Herausforderungen aus dem Weg räumen, ihnen ihre Bürde tragen und ihnen Mitleid zukommen lassen, auf dass sie es sich in ihrer Grube des Elends gemütlich einrichten können.

Wer wahrlich zu helfen wünscht, der tut dies, in dem er Hoffnung aufzeigt, indem er motiviert und inspiriert. Denn auf diese Weise hilft er, die Selbstwirksamkeit und den Glauben an das Gute in einem Menschen zu erwecken. Und wer glaubt und wirkt, dem hilft das Leben.

Nun ist es schwierig, fremden Menschen Hoffnung, Glaube und Inspiration zukommen zu lassen. Und es ist auch nicht vorgesehen, dass wir irgendwelchen Menschen einfach so helfen würden. Dennoch gibt es eine Möglichkeit zur Selbsthilfe für fremde Menschen. Es ist dies die Inspiration. Wer ein Detail erschafft und dieses für Passanten sichtbar macht, der bewegt in ihnen etwas. Und besonders die affinen Passanten, die aufgrund ihrer Achtsamkeit wahrzunehmen imstande sind, werden auf Details ansprechen. In ihnen erwacht Neugierde in Bezug auf dieses Detail: Was ist das? Wie wurde es gemacht? Warum ist es da? Warum tut jemand so etwas? Was hat es mit mir zu tun? Könnte ich so etwas auch? Warum spricht es mich so an? Empfinde ich Freude? …

Wenn wir also etwas aus unserer Selbstwirksamkeit heraus erschaffen, dann hat dieses Etwas oft sehr viel mehr Wirkung, als dass wir denken würden. Denn alles, was einmalig ist, erzeugt viel mehr Wirkungsgeschichte alles das, was aus der Industrie ab Stange kommt.

Wenn es uns gelingt, jemanden über etwas, was wir selbst erschaffen haben zu einem Liebhaber zu machen, dann sind wir weitaus mehr als nur eine kleine, stille, graue Maus! Warum sollten wir es nicht mal versuchen?

Es ist in letzter Zeit die wunderschöne Freizeitbeschäftigung aufgekommen, dass Menschen Steine bemalen und diese dann irgendwo am Wegrand an einen besonderen Platz hinlegen. Viele Spaziergänger gehen achtlos daran vorbei und sehen diesen Stein nicht einmal. Aber viele andere Spaziergänger nehmen diese kleinen Kunstwerke wahr und erfreuen sich daran. Und es ist üblich geworden, dass Menschen selbst Steine bemalen und diese dann mit denen austauschen, die schon daliegen. So entsteht eine namenlose Interaktion zwischen all denen, die malen, betrachten, austauschen, verschönern und sich erfreuen.

Ja, wie banal ist das denn! Aber der Autor kann sich nicht erinnern, dass er sich nicht an einem bemalten Stein erfreut hätte, als er diesen wahrnahm. Und so ist der Autor so weit, dass er sich eine Welt voll von farbigen Steinen wünscht. Denn jeder Stein steht für Hoffnung, Lebensfreude, Sinnhaftigkeit und Nächstenliebe – weil er hilft. Er hilft dabei, das Veilchen am Wegrand wahrzunehmen.

Um einen Kontrastpunkt zu diesen farbigen Steinen zu setzen, wollen wir uns im nächsten Kapitel eine Szenerie ausmalen, was eben ist, wenn die Details und mit ihnen die Hoffnung in unserem Leben fehlen.

6 Was, wenn nicht

Es gibt Menschen, die können noch aus der grössten Finsternis heraus einen Lichtblick hervorzaubern. Aber es gibt sehr viele, die sinken ab in die Vergessenheit des Seins, sobald sie in Konsum, Trägheit und Überdruss verfallen.

Für die erstere Gruppe von Menschen braucht es nur wenige Details, auf dass sich diese in hohen Schwingungslevels zu halten vermögen. Diese Menschen sind oft sehr achtsam, wertschätzend, selbstlos und dankbar. Ihnen reicht das, was Mutter Natur und die Schöpfung in ihrer unermesslichen Güte jeden Tag gewähren.

Aber ein gefühlt wachsender Teil der Menschheit verarmt emotional und energetisch, weil er immer mehr abstumpft und das nicht mehr wahrzunehmen und zu schätzen vermag, was uns bedingungslos gegeben ist. Und so vergisst er, was wir über unseren Teil zum Gelingen der Menschheit beitragen könnten.

Wenn sich alle nur noch von Tag zu Tag hangeln. Wenn alle nur noch konsumieren und nicht mehr erschaffen. Wenn alle ihrem Nächsten das Wenige vergönnen, was dieser hat, um sich daran erfreuen zu dürfen, dann begeben wir uns in eine Welt des Mangels. Wer Mangel leidet, der nimmt. Und wenn alle nur noch nehmen, dann wir jedes Paradies zur Hölle.

Was wäre, wenn niemand mehr der Gemeinschaft ein kleines, unrentables Detail spendet?

Es gibt Menschen, die schaffen es einfach nicht, selbst etwas zu erschaffen. Ihnen böse zu sein wäre, als ob man ein Kind dafür bestraft, was es getan hat, ohne sich bewusst zu sein, was es getan hat.

Es braucht einen bestimmten Entwicklungsstand, eine bestimmte Menge an Erkenntnis, um erkennen zu können, dass Geben seliger ist, denn Nehmen. Wer erkannt hat, dass das Bibelzitat *«Wer da hat, dem wird gegeben»* nichts als eine wahre Lebensweisheit ist, der gibt immer mehr und immer lieber. Aber da man sein Karma überspannt, wenn man jemandem seine Hilfe aufzwingt, ist es eben viel nachhaltiger, gesünder und wirkungsvoller, wenn man über das Veilchen am Wegrand arbeitet.

Also: Wenn wir einander helfen wollen, dann schaffen wir das, indem wir das, was uns innewohnt in Form von Selbstwirksamkeit realisieren und es in ein Detail fliessen lassen, das andere Mitmenschen zu erfreuen und zu inspirieren vermag. Wenn jeder von uns nur einen kleinen Teil beisteuert, so entsteht daraus etwas sehr Grosses. Wenn dem nicht so wäre, so hätten es die Superreichen niemals geschafft, superreich zu werden. Denn auch sie sind dadurch reich geworden, dass sie am Kleinen verdient haben, dies aber immer wiederkehrend und millionenfach.

Wenn jeder von uns täglich arbeiten geht, dann verdient immer jemand mit. Das ist einer der Irrtümer in unserem System. Wenn aber jeder von uns täglich etwas auf selbstlose Weise hingibt, auf dass er gleichzeitig auch von andern bekommt, dann können viele derzeitige Irrtümer umgangen und ausgemerzt werden.

Wenn jeder nach seinen Möglichkeiten seinen Teil beisteuert, dann entsteht daraus eine Kraft, die wirken kann, als wäre sie die Hand Gottes. Es ist dies die Macht des Konsenses, die Macht der Kollaboration durch Verbundenheit.

Aber immer dann, wenn alle den gleichen Weg zu gehen anfangen, keimt die Gefahr des Missbrauchs und der Manipulation auf. Es ist der Eigennutzen, die Selbstsucht, die alles Gemeinsame immer wieder zu Boden bringt. Und dem ist gut so. Denn die Welt ist nicht da, um zu schwelgen, sondern um zu lernen.

Und so gibt es immer wieder Miesmacher, die die Harmonie stören, aber gleichzeitig über ihr Stören zur Entwicklung beitragen. Diesen Aspekt dürfen wir niemals vergessen.

Und wenn jemand unser Blumenbeet verwüstet, dann sollten wir dies nicht persönlich nehmen. Es ist dies eine ausgleichende Kraft, die zu wirken hat, weil unser Blumenbeet zu stark in eine Richtung gewirkt hat.

Aus dieser Perspektive heraus betrachtet wird es uns möglich zu vergeben. Wir können all denen vergeben, die über ihren Einfluss und ihr Wirken die Harmonie stören und so eine Veränderung herbeiführen.

Wenn wir Details erschaffen und uns ihn ihnen verhaften, so werden die Details auch für uns selbst zum Gefängnis. Nur wenn wir immer andere und immer neue Details hervorbringen, bleiben wir im Fluss. Und darum sollten wir mehr über Störenfriede in Erfahrung bringen. Sie stören nämlich nicht im eigentlichen Sinne. Sie stören nur den Stillstand, der sich dann einzustellen droht, wenn sich die Inspiration und mit ihr die Hoffnung langsam erschöpft.

7 Alle helfen mit

Da wäre doch alles in bester Ordnung. Aber dann kommt ein Aussenseiter, stört die Harmonie und alles ist am Boden!

Manchmal reicht eine kritische Frage aus, um das ganze Kartenhaus, erbaut aus Gewohnheit und Gepflogenheit, einstürzen zu lassen.

«Tod dem Störenfried!», lautet dann der Ruf der Rache derer, die wachgerüttelt werden.

Und dann setzt das ein, was bereits vor fünftausend Jahren ins alte Testament hineinfand: *Auge um Auge, Zahn um Zahn.*

Und dies führt so weit, *bis die ganze Welt blind ist und verhungert…*

Nun, es ist dem Menschen nicht vorbestimmt, alles zu kontrollieren und zu beherrschen. Und darum steht er sich sehr oft selbst im Weg. Und wenn nicht, dann hat er das Gefühl, dass die Natur oder das Leben selbst ihm im Weg stehen würden, weil etwas nicht so läuft, wie er es gerne hätte. Und so kann man sich an vielen Dingen stören in der heutigen Zeit. Und je mehr materielle Dinge es gibt, je grösser ist das Potenzial, Störfaktoren zu entdecken und sich darüber aufzuregen.

Tatsache ist, dass in unserer Welt jeder etwas finden kann, was ihn stört. Der Kapitalist stört sich ab all denen, die das Leben geniessen und nicht arbeiten wollen. Der Geniesser stört sich ab all denen, die nur herumrennen und dabei die Umwelt in Mitleidenschaft ziehen. Die Naturliebenden stören sich an Neophyten, die dort wachsen, wo eigentlich nichts zu wachsen hätte. Und wir selbst stören uns daran, dass wir unzufrieden sind, weil sich unsere Welt uns nicht so präsentiert, wie wir es gerne hätten.

Aber oft, wenn man über das, was einen stört, nachdenkt, dann entdeckt man, dass man sich eigentlich nur am Fremden und an der Andersartigkeit stört. Denn selbst weiss man sehr oft gar nicht, wie man es gerne hätte. Einfach so sein, wie es ist, sollte es nicht. Aber anders sollte es eben auch nicht sein, denn dann verliert man die Kontrolle.

Und so helfen eben all die Dinge in der Welt mit, uns auf Trab zu halten. Wenn etwas stillzustehen droht, dann kommt etwas Neues.

Haben Sie auch schon beobachtet, wie diese bösartigen Neophyten, also nicht einheimische Pflanzen, unsere ganze Vegetation zu überrollen drohen und alles unter sich ersticken?

Tatsächlich ist es mancherorts schlimm, wenn der japanische Knöterich oder das drüsige Springkraut ganze Gewässerbereiche überwuchern und sich immer weiter ausbreiten. Aber haben nicht wir Menschen diese Pflanzen irgendwann mal eingeführt und sie in unseren Gärten gepflanzt – vielleicht sogar, weil wir damit etwas Besonderes erschaffen wollten?

Aber wenn man Neophyten über eine etwas längere Zeitdauer beobachtet, so kann man bei vielen Arten erkennen, dass sie auch wieder zurückgehen, teilweise sogar verschwinden. Denn alles, was lebt, kann dann schnell wachsen und sich verbreiten, wenn es die idealen Wachstumsbedingungen vorfindet. Mit der Zeit aber hat es die im Überfluss vorhandenen Ressourcen und Energien aufgebraucht und sich so selbst seine Lebensgrundlage entzogen. Und es folgt dann etwas anderes, was von dem, was übriggeblieben ist gut leben kann.

Wir Menschen haben sehr oft zu wenig Geduld und ein zu kurzes Erinnerungsvermögen. Und so betrachten und urteilen wir aus dem Moment heraus und begehen so den gewichtigen Fehler, das, was wir erkennen können, sogleich zu verurteilen. Jede Verurteilung führt zu Unruhe und Disharmonie – während die Natur mit der Zeit arbeitet und immer alles wieder von selbst ins Gleichgewicht bringt, wenn man ihr nur nicht zu sehr ins Handwerk pfuscht.

Jede Reaktion des Lebens und der Natur ist nur eine Gegenreaktion auf etwas, was meist wir Menschen bewusst oder unbewusst ausgelöst haben. Und jede Reaktion der Natur lebt aus dem Detail heraus. Wenn wir Menschen so feinfühlig und achtsam werden, dass wir diese Details zu erkennen und wahrzunehmen vermögen, dann werden sich für uns viele Rätsel lösen.

Und so gesehen hilft alles mit, uns wachsen, erkennen und lernen zu lassen. Aber eben nicht nur das. Sehr oft übernehmen die Dinge, die wir als störend erachten, einen wichtigen Auftrag: Sie helfen über ihr Wirken und Dasein, negative Energien aufzulösen.

Dies ist eine bedeutende Erkenntnis, der wir unsere Aufmerksamkeit widmen sollten. Dann, wenn jemand oder etwas kommt und eine Veränderung herbeiführt, hilft er sehr oft mehr, als wir ihm zugestehen würden!

Wenn in einem heruntergekommenen Stadtquartier die einheimischen Leute ausziehen und Immigranten einziehen, was hat dazu geführt, dass die einen gehen und die anderen kommen? Wer erweist da wem einen Dienst? Wie sieht es aus mit den Energien, die da übriggelassen und neu aufgenommen oder gebracht werden? Und ist nicht sehr oft aus etwas Heruntergekommenem etwas Schönes entstanden? Und inwiefern hatte die Liebe zum Detail einen Einfluss?

Wenn man sich nur ordentlich bemüht, so kann man alles auf die Beine stellen.

Diese Aussage geht stark mit der Tatsache einher, dass Wille, Hoffnung und Selbstwirksamkeit viel höher schwingen als die vorherrschenden, negativen Energien, die es zu überwinden gilt. Und so machen wir den Übergang zum nächsten Kapitel. Dort geht es um Orte, wo negative Energien vorherrschen und störend wirken. Was können wir gegen negativ auf uns wirkende Energien tun? Veilchen pflanzen?

8 Spots of bad Energy

Wer hochsensibel ist, nimmt sie viel schneller und störender wahr, diese Orte der negativen Energien. Woher das Negative kommt, ist oft schwer zu sagen. Sehr oft hat es mit Menschen, ihrem Denken, Fühlen und Handeln zu tun. Manchmal kommt die negative Energie aber auch von der Natur her. Denn auch die Natur verbraucht Energie. Und verbrauchte Energie wirkt negativ, während eben geladene Energie positiv wirkt.

Es ist nicht Thema dieses Büchleins zu erklären und zu ergründen, warum es Orte negativer Energieansammlungen gibt. Dies tun bereits andere Bücher des Verlages denkmalnach.ch. So etwa die Serie *«Augenmerk Hochsensibilität»*. Hier nehmen wir einfach die Tatsache an, dass manche Lebewesen und Pflanzen sich an gewissen Orten nicht wohl fühlen und darum auch nicht gut gedeihen.

Wer weiss, vielleicht ist der Autor im Vorort dieser Energiestadt in eben einer dieser Bereiche mit negativen Energien hineingeraten. Vielleicht liegt es daran, dass an diesem Ort niemals hätten Häuser zum Wohnen gebaut werden sollen.

Ist es nicht so, dass natürlich entstandene Ortschaften und Städte meist positiv auf uns wirken, während künstlich erschaffene Siedlungsgebiete etwas Bedrückendes ausstrahlen?

Wenn eine Stadt aufgrund einer Eingebung eines Heiligen oder aufgrund einer Naturgegebenheit gegründet wurde, dann ist dies doch etwas ganz anderes, als wenn sie erbaut wurde, um Gastarbeiter unterzubringen, die in den Industriebetrieben günstig arbeiten sollen. Und wo wird Industrie normalerweise angesiedelt? Genau! Dort, wo niemand anderes sie haben will.

Und an Orten, wo ohnehin negative Energien vorherrschen, da hat niemand etwas dagegen, wenn eine Fabrik oder ein Atomkraftwerk hingestellt werden. Und so wird aus dem Negativen noch etwas Negativeres.

Wundert es da, wenn Menschen von solchen Punkten wegziehen und sich eine angenehmere Bleibe suchen? Und inwiefern ist es möglich, Orte mit schlechten Energien über das Pflanzen von Veilchen am Wegrand aufzuwerten?

Wenn an einem Ort negative Erdstrahlung vorherrscht, dann wird kaum ein Lebewesen es schaffen, gegen diese starke Wirkung etwas unternehmen zu können. An solchen Orten werden die Menschen immer Mangel leiden. Und wer Mangel leidet, der nimmt – weil er nichts zu geben hat.

Wenn also in Slums oder in manchen Ghettos Kriminalität vorherrscht und nur zwielichtige Gestalten dort verkehren, dann wohl auch deshalb, weil niemand anderes Lust und Kraft hat, sich dort aufzuhalten.

Manche Dinge müssen wir einfach akzeptieren. Dazu gehört auch, dass wir manchmal mit kleinen Details zur Verbesserung der Lebensumstände beitragen können. Aber manchmal nützen all unsere Bemühungen nichts, weil wir gegen etwas anzukämpfen versuchen, was zu gross für uns ist.

Der Achtsame fühlt sehr schnell, wo es sich einzubringen lohnt und wo nicht. Und er fühlt auch, wann es Zeit dafür ist, etwas hinter sich zu lassen.

Die ständige Veränderung auf unserem Planeten führt dazu, dass sich Lebewesen das eine Mal an einem bestimmten Ort wohlfühlen, und dann mit der Zeit wird ein anderer Ort zur angenehmeren Bleibe. Was verlassen wird, kann sich regenerieren. Was aufgesucht wird, kann erblühen – um dann wieder auf eine Regenerationsphase hinzusteuern. Das ist der Wellengang der Geschehnisse des Lebens. Das sind die alles durchdringenden Strömungen des Lebens, die viel stärker wirken, als dass selbst Wissenschaftler glauben würden.

Erfassen können wir all das nur sehr diffus, wenn überhaupt. Aber wir können beobachten und Hypothesen aufstellen. Und vor allem können wir selbst Einfluss nehmen. Wir können uns über unsere Selbstwirksamkeit und über Details einbringen und so eine Verbesserung herbeiführen. Aber irgendwann mal werden wir auch damit an unsere Grenzen stossen. Und dann sind wir dazu aufgerufen, etwas zu verändern. Meist, indem wir uns selbst bewegen und einen Schritt vorwärts machen. Ob wir umziehen, oder ob wir in unserer inneren Welt eine Veränderung herbeiführen, das bleibt uns und unseren Bedürfnissen überlassen.

Dennoch sollten wir niemals vergessen, dass es den Zufall nicht gibt. Alles hat seine Gründe. Und wenn uns die Unruhen des Lebens an irgendeinen Strand spülen, dann ist das nicht ohne Grund geschehen.

Es begegnen uns immer die Dinge im Leben, die uns am meisten weiterbringen können. Wenn wir an einen Ort mit negativer Energie gespült werden, dann wohl darum, weil es dort für uns etwas zu tun, zu erfahren oder zu erledigen gibt. Und dann, wenn das getan ist, wofür wir bestimmt waren, können wir uns wieder in den Fluss des Lebens stürzen, um ein Stück weiter zu paddeln und dann an einem anderen Ort wieder zu verweilen und ein Feuer anzuzünden.

Es gibt Dinge, die müssen getan werden. Es gibt Dinge, die müssen WIR tun. Darum das nächste Kapitel – weil wir nicht immer nur Veilchen pflanzen können…

9 Things to be done

Wenn der Autor durch mehrere Zufälle, die es ja anscheinend nicht gibt, in diesen Vorort gekommen ist, wo es ihm nicht gefallen hat, dann blieb diese Erfahrung dennoch nicht ohne Wirkung.

Denn immerhin schreibt der Autor ein Buch, das er auf diesem Besuch in dieser Ortschaft aufbaut. Und der Autor konnte auch in sich selbst Veränderungen feststellen. So nimmt er in sich weitaus mehr Wertschätzung wahr für eine saubere und gepflegte öffentliche Toilette. Auch schätzt er blühende Blumen, wo auch immer er diese antrifft, viel mehr.

Und so lässt sich erkennen, dass wir manche Dinge tun müssen, damit wir unseren angestammten Platz verlassen und vorwärtsgehen können, was zu einer Veränderung unserer Perspektive führt.

Indem wir Dinge tun, bewegen wir uns. Jede Bewegung führt zwangsläufig zu einem Perspektivenwechsel. Natürlich können wir unsere Perspektive auch wechseln, wenn wir vor Ort bleiben. Aber wir alle wissen, dass wir uns lieber den Dingen zuwenden, die wir gerne mögen, als dass wir Themen angehen würden, die negativ auf uns wirken.

Manche Dinge müssen getan werden, weil niemand sie tun will. Oft werden diese Dinge aus Unwissenheit getan. Denn der Wissende würde sich

niemals darauf einlassen, weil er ja weiss, was ihn
erwartet.

Wenn Gastarbeiter zu uns kommen und die
Drecksarbeit für uns erledigen, dann auch nur, weil
sie nicht gewusst haben, was sie erwartet. Und wir
dürfen es ihnen nicht verübeln, wenn sie nach dem
Abfallen der selbst aufgebauten Illusion ernüchtert
reagieren und eine Veränderung anstreben. Wird
ihnen die Möglichkeit auf eine Veränderung
verwehrt, dann reagieren sie so, wie wir auch
reagieren würden, wenn wir unsere Arbeit getan
haben und an einem Ort mit vorherrschend negativen
Energien verweilen müssen.

Versuchen wir jetzt aber, eine Verbindung zum
Veilchen herzustellen:

Wenn wir ernüchtert festgestellt haben, dass es für
uns so nicht mehr weitergehen kann wie bisher, dann
können wir unsere Möglichkeiten abschätzen. Dabei
stellen wir fest, dass für uns keine Möglichkeiten
vorgesehen sind. Denn niemand will uns seinen Platz
abtreten, wenn dieser besser und angenehmer ist als
der unsere. Und so müssen wir verharren, bis das wir
sterben.

Das ist die eine Variante. Die andere Variante ist,
dass wir etwas zu verändern versuchen. Nun, die
meisten glauben, dass es nichts zu verändern gäbe.
Denn wenn es etwas gäbe, was da getan werden
könnte, so hätten sie es bereits getan.

Da ging die anstrengende und arbeitsintensive Möglichkeit des Pflanzens von Veilchen am Wegrand vergessen.

Wenn wir ohnehin festsitzen, was könnte uns dann davon abhalten, dort wo wir sind, anfangen Veilchen am Wegrand zu pflanzen?

Falls wir dies tun, so wird jedes einzelne Veilchen uns selbst, die Wahrnehmung der andern über uns und somit auch unsere Selbstwirkung sich verändern. Wohin dies führen wird, kann niemand voraussagen. Aber es ist eine Tatsache, dass wir etwas tun. Und wir tun womöglich etwas von dem, was von uns getan werden muss. Und wenn wir unsere Aufgabe abgeschlossen haben werden, werden wir nicht mehr dieselbe Person sein wie damals, als wir mit der Aufgabe begonnen haben.

Wer mit Details arbeitet, der verändert sich. Er lernt und entwickelt sich – innerlich und äusserlich. Wer sich positiv verändert – und Veilchen haben die Tendenz, positiv zu wirken – der wird sein Schwingungslevel erhöhen. Was das bewirken kann, das wissen nur diejenigen, die sich mit Energien und übernatürlichen Phänomenen auseinandergesetzt haben. Aber grundsätzlich ist es möglich, über die Veränderung einer Schwingungsfrequenz die ganze Welt zu verändern.

«Gib mir den richtigen Angelpunkt, und ich werde die ganze Welt aus ihren Fugen heben!» Oder anders

gesagt: «Gib mir die richtige Schwingungsfrequenz, und ich werde Ort, Zeit und Raum überwinden!»

Wer nichts tut, der wird niemals erfahren, was möglich sein könnte. Wer aktiv ist, seine Selbstwirksamkeit entwickelt und durch selbstlose Tätigkeit auch die Welt für andere verbessert, der nähert sich dadurch Mysterien an, die dem menschlichen Verstand für immer verborgen bleiben werden. Dies liegt daran, weil so das Gefüge der Logik verlassen wird. Die Gesetzmässigkeiten von Ursache und Wirkungen haben ihre Begrenztheit. Aber es gibt Dinge, die reichen weiter. Das Veilchen am Wegrand weiss das. Aber wir Menschen können uns nur annähern, wenn wir überhaupt erst das Veilchen finden und erkennen können.

Und darum sollten wir nichts auslassen, was helfen kann, uns in Bezug auf unsere Achtsamkeit und unser Schwingungslevel zu verändern. Wir sollten Blumen aller Art pflanzen. Auf dass sie erblühen und zu leuchten beginnen – so wie unsere Leuchtfeuer, die wir immer dann entfachen, wenn wir den Fluss des Lebens verlassen, um irgendwo etwas zu tun, was getan werden muss, auf dass es andern auf ihrem Weg zu leuchten vermag…

10 Blumen pflanzen

Es gibt immer mindestens zwei Wege, wie Dinge getan und betrachtet werden können. Da gibt es die physische Art der Handlung. Und dann wäre da mindestens noch die Art der übertragenen Wirkungs- und Bedeutungsweise.

Wenn wir eine Blume pflanzen, dann sieht das auf der konkreten Ebene so aus, dass wir ein Loch buddeln und eine Blume mit ihren Würzen voran in dieses Loch legen, um die Erde dann um die Blume herum wieder zuzuscharren, so dass die Würzen bedeckt sind und die Blume wachsen kann. Idealerweise giessen wir die Blume dann noch an.

An dieser ganzen Sache ist an und für sich nichts dabei. Könnte man zumindest meinen…

Es gibt aber so einiges, was man bei dieser soeben beschriebenen Tätigkeit beachten kann. So wächst die Blume sicherlich besser, je sorgfältiger wir sie behandeln. Und wenn wir bei der Wahl des Standortes die Bedürfnisse der Blume berücksichtigen, dann erhöhen wir die Erfolgschancen massiv.

Solche Aspekte kulminieren sich mit dem Wachstum der Blume immer mehr. Und ob die Blume im nächsten Jahr wieder erblüht, und ob sie prosperiert hat, oder ob sie ums Überleben kämpft, kann uns sehr vieles lehren.

Es ist ein Einfaches, in einem Supermarkt eine Blume im Topf zu kaufen und diese dann irgendwo hinzuverpflanzen.

Aber es ist schon bedeutend anspruchsvoller, eine natürliche Blume zu suchen, sie auszugraben und an einem andern Ort wieder zu pflanzen.

Und noch schwieriger wird es, wenn wir Samen sammeln und dann säen, auf dass wir später Setzlinge erhalten, die wir versetzen können, auf dass daraus eine Blume erwächst.

Wie gestalten Sie Ihr Leben? Sind Sie jemand, der gar keine Blumen pflanzt? Oder kaufen Sie sich mit Geld, was für Sie wachsen soll? Nehmen Sie gar die Mühen auf sich, nach dem zu suchen, was für Sie wachsen und Sie erfreuen soll? Oder lassen Sie das wachsen, was von sich aus wächst, und erfreuen sich an all dem, was kommen mag?

In einer simplen Handlung wie dem Pflanzen einer Blume können wir über uns selbst sehr viel lernen.

Wer selbst Erfahrungen im Pflanzen von Blumen machen durfte, der weiss, dass es hier um viel mehr geht als um etwas, was in Worten auf weisses Papier gedruckt werden kann. Denn die Natur und das Leben an sich sind launisch und eigenwillig – denken wir zumindest. Dabei folgen sie nur anderen Gesetzmässigkeiten als wir erkennen können.

Die Natur scheint zum Beispiel keine Mühe zu haben, Löwenzahnpflanzen überall wachsen zu lassen. Aber wenn wir die Samen einer Pusteblume sammeln und selbst Löwenzahnpflanzen säen wollen, dann erwächst in uns ein Staunen über die Genialität der Mechanismen, die in der Natur wirken, auf dass immer wieder etwas wächst und zur Blüte kommt.

Je mehr wir von dem, was vermeintlich offensichtlich ist, zu dem kommen, was sich hintendran verbirgt, je mehr lernen, erkennen und wachsen wir.

Und so ist es auch mit den Details. Jedes Detail birgt in sich wiederum Details, die wiederum Details in sich bergen. Und so hört es niemals auf. So wird für uns dann langsam klar, dass in allem eine eigene Welt schlummert, die immer grösser wird, je mehr wir uns über Details in sie hineinbegeben. Und so nähern wir uns der Unbegrenztheit an, die unser Leben uns zu bieten hat.

Wenn wir festsitzen und nicht mehr weiterkommen, dann wohl nur deshalb, weil wir all die Pforten nicht erkennen können, die uns offenstehen. Wir können sie nicht erkennen, weil wir (noch) blind für sie sind. Wer aber den Weg der Achtsamkeit geht, der wird die Pforte erblicken und hindurchgehen können. Und dann wird er viele weitere Pforten erblicken, durch die er schreiten kann. Aber wir müssen uns entscheiden durch welche. Das ist die Freiheit, die uns als Mensch gewährt wird: Die Freiheit zu entscheiden, durch welche Pforten wir schreiten wollen. Aber am Schluss werden wir erkennen, dass es kaum eine Rolle spielt, welche Pforte wir wählen. Denn alle führen am Schluss am selben Ort hin. Es ist dies der Ort der selbstlosen Liebe. Denn je weiter wir den Weg über ein Detail zum nächsten gehen, je mehr nähern wir uns dem Mysterium an, das alles entstehen und gedeihen lässt. Und dieses Mysterium ist nichts anderes als das, woraus wir selbst entstanden sind. Es ist die Ursubstanz, die sich über die verschiedenen Pläne ausschüttet, bis hin zur physischen Ebene. Alles ist aus demselben gemacht. Alles besteht aus Details und wiederum aus Details. Es ist die Liebe, die ist. Und das Sein ist Liebe.

Und so kommen wir vom Pflanzen von Blumen hin zum Basteln. Da bringen wir mehr von uns ein. Und indem wir den Unterschied zwischen Basteln und Konstruieren ergründen, erfahren wir mehr über ein Geheimnis, das derjenige zu entdecken vermag, der mit Details und den in ihnen verbundenen Fehlbarkeiten und Mängeln eins geworden ist.

11 Basteln

Während einer sehr langen Zeitspanne der Menschheitsentwicklung haben die Menschen nicht eigentlich konstruiert, sondern gebastelt.

Denn wenn sie zum Beispiel eine Brücke bauen mussten, so haben sie diese Aufgabe gelöst, indem sie einfach mal angefangen haben zu bauen. Da waren keine Architekten und Ingenieure, die auf dem Reissbrett gezeichnet und mit Computern berechnet haben, welche Gesetze der Statik berücksichtigt werden müssen, damit die Brücke in jener und dieser Situation standhält und mit so und so viel Tonnen befahren werden kann.

Nein, der Mensch hat einfach aus seiner Erfahrung und einem Gefühl heraus angefangen damit, etwas zu realisieren.

Aber mit der Zeit gab es Menschen, die haben herausgefunden, dass man etwas planen und dann nach dem so entstandenen Plan nachbauen kann. So hat sich die Bautätigkeit von der Realität in den Kopf verlagert. Gebaut hat die Brücke dann der Architekt in seinem Kopf. Und um seinen theoretischen Plan abzusichern, konsultiert er den Ingenieur, der anhand von Erfahrungswerten und Formeln errechnet, ob der Plan des Architekten umsetzbar ist. Und wenn die ganze Theorie in einem Projektierungsverfahren zum Abschluss gekommen ist, dann bauen Arbeiter nur noch das nach, was auf dem Plan schon theoretisch konstruiert wurde.

Über diese Entwicklung wurde es möglich, dass manche Menschen nur noch am Schreibtisch, und andere nur noch vor Ort arbeiten. Diejenigen am Schreibtisch verdienen bedeutend mehr Geld als diejenigen, die nur noch bauen. Und dennoch wird für beide die Arbeit mit der Zeit monoton. Denn wer nur theoretisch arbeitet, dem fehlt der praktische Bezug. Und wer nur noch praktisch arbeitet und das tut, was man ihm aufgrund eines Bauplanes in Auftrag gibt, der verkümmert geistig.

Wir lernen daraus, dass wir selbst basteln sollten, wenn wir die Mysterien des Lebens erleben und aus ihnen lernen wollen. Denn wenn wir nur konstruieren, dann machen andere für uns die praktischen Erfahrungen, die wir so dringend benötigen würden, damit wir geerdet leben. Wenn wir aber immer nur nachbauen und nichts selbst ausprobieren und erdenken, dann fehlt uns die geistige Herausforderung, die uns mit dem Geistigen und somit dem Himmlischen verbindet.

Also, Basteln ist angesagt! Denn Basteln hilft uns, uns ganzheitlich zu entwickeln. Und wenn wir über unsere Basteltätigkeit Details erschaffen, die zu Veilchen am Wegrand werden, dann sind wir nicht nur physisch und geistig tätig, sondern wir können so auch noch den Aspekt der Empfindungen einbringen.

Und so wären wir dann ganzheitlich unterwegs, nämlich mit *Kopf, Herz und Hand.*

Was genau wir denn basteln sollen?

Am besten etwas, was wir brauchen können, oder was uns gefällt.

Wem da noch immer keine Idee erblühen will in seinem Geiste, der achte doch einfach beim nächsten Einkauf darauf, was er zu kaufen beabsichtigt, was er aber auch selbst versuchen könnte nachzubauen. Natürlich müssen da Abstriche gemacht werden in Bezug auf die Ausführung und Beschaffenheit des benötigten Gegenstandes. Denn alles, was wir kaufen, wurde nicht gebastelt, sondern zuerst konstruiert und dann industriell nachgebaut. Wer selbst etwas «erbasteln» will, der wird merken, dass er einfachere Wege gehen muss, die zu eigenen Kreationen führen. Und genau so entstehen Details und Veilchen.

Und wer keinen Gebrauchsgegenstand benötigt, oder wer zwei linke Hände hat und sich mit Basteln schwertut, der kann es ja anstatt auf die praktische Art mit der kreativen Herangehensweise versuchen. Denn da wirken wiederum ganz andere Gesetzmässigkeiten.

Und so haben wir den Übergang vom Basteln zum Gestalten gefunden. Und davon handelt das nächste Kapitel.

12 Malen

Wenn wir unsere Augen schliessen, so breitet sich vor uns Finsternis aus. Aber das ist ein oberflächlicher Irrtum! Denn wer lange genug daran arbeitet, der wird mit der Zeit nicht Finsternis, sondern eine Leinwand erblicken können, auf der sich Formen, Farben und Bilder abzeichnen. Und wer immer mehr an diesen inneren Bildern arbeitet, der wird nach und nach etwas entdecken, was schon viele «spezielle» Menschen als Inspiration über Intuition beschrieben haben.

Wenn wir etwas malen wollen, so können wir ein Modell auswählen und dieses nachzeichnen. Wir kopieren also quasi die Realität, indem wir das, was ist, auf einem Blatt Papier oder auf einer Leinwand abbilden.

Heutige Kinder tendieren immer mehr dazu, wenn sie etwas zeichnen oder malen sollen, sich auf ihrem Tablet übers Internet ein Vorlagenbild zu suchen und dieses dann zu kopieren. Das ist kein Malen, das ist nur eine Beschäftigung!

Wer immer nur kopiert und nachmacht, der entwickelt seine Möglichkeiten nicht, mit geschlossenen Augen Bilder sehen zu können. Oder anders ausgedrückt: Wer immer nur kopiert, der entwickelt sein persönliches Vorstellungsvermögen nicht und findet so auch nicht zu seiner Selbstwirksamkeit.

Anstatt Bilder zu kaufen, sie zu kopieren und auf dem Farbdrucker auszudrucken, anstatt abzuzeichnen und nachzumachen, können wir doch einfach selbst aufgrund unserer Wünsche und Neigungen heraus etwas zu zeichnen beginnen! Wir wären da frei in Farb- und Formenwahl. Wir dürften das, was wir uns wünschen, selbst erschaffen.

Was sagen Sie? Sie sagen, Sie könnten nicht zeichnen?

Liegt das Problem bei Ihren Fähigkeiten oder bei Ihren Ansprüchen? Haben Sie das Gefühl, dass das, was Sie malen, so aussehen müsste, wie das, was Sie in der Realität erblicken? Oder können Sie einfach nicht akzeptieren, dass Ihre eigene Weise zu malen auch das Recht hat zu sein?

Wer sagt, er könne nicht malen, der hat meist zu hohe Ansprüche und ist zu wenig flexibel, die selbst erschaffenen Bilder als etwas Annehmbares zu akzeptieren. Abgesehen davon fehlt häufig auch die Geduld – denn es ist noch kein Meister vom Himmel gefallen.

Aber indem wir unseren eigenen kreativen Weg gehen, erschaffen wir Neues! Wir bilden etwas ab, wie es nur in unserer eigenen, inneren Welt vorkommen kann. Wir erschliessen so unsere ureigene Intuition und Inspiration. Und dadurch können wir auf einmalige Art und Weise helfen, die reale Welt über Details und Veilchen zu verschönern.

Niemals wird das, was wir erschaffen, allen gefallen. Das muss es auch nicht. Aber irgendwo auf der Welt wird es jemanden geben, dem gefällt, was wir kreieren. An dieser einen Person sollten wir uns orientieren, nicht an den Kritikern, die selbst nur kopieren oder kaufen; oder nicht einmal das.

Wenn wir also keine Wohnung haben, um sie so einzurichten, dass sie zu unserem Schloss wird. Wenn wir keinen Garten und keinen Umschwung haben, wo wir Gebasteltes ausstellen oder Pflanzen erspriessen lassen können, dann können wir immer noch kreativ sein. Bilder finden überall Platz. Und wir können sie sogar übers Internet der ganzen Welt zugänglich machen, wenn wir das wünschen.

Das gehe nicht?

Was ist denn mit all den Bildern, die die vielen Bücher des Verlages denkmalnach.ch zieren? Waren das nicht ursprünglich mal einfache Bleistift- und Farbzeichnungen, die nach und nach ihren Weg auf Buchcovers gefunden haben und jetzt weltweit in digitaler Form oder gedruckt als Taschenbuchtitelseiten die Leserinnen und Leser erfreuen, irritieren oder ängstigen?

Der Autor hätte noch vor kurzer Zeit selbst nicht gedacht, was alles möglich sein kann. Aber er hat denen nicht geglaubt, die gesagt haben, was alles nicht gehe. Er hat es einfach ausprobiert. Und er bekam immer wieder Hilfestellungen von unbekannten Orten, die ihm die nötigen Hinweise zukommen liessen, damit er einen Schritt weiterkam. Und aufgrund all der verschiedenen Erfahrungen glaubt der Autor so sehr an Details und Veilchen am Wegrand, dass er ein Buch darüber schreibt. Er schreibt, weil er noch vor kurzer Zeit selbst nicht geglaubt hätte, was da alles möglich und realisierbar ist.

Wer pflanzt, bastelt und malt, der ist selbstwirksam. Und er hilft so vielen andern dabei, über die Liebe zum Detail und über das Pflanzen von Veilchen ihre eigene Selbstwirksamkeit zu entdecken.

In uns selbst liegt viel mehr Potenzial verborgen, als wir jemals erahnen würden. Dem ist so, weil wir mehr sind, als man uns glauben lässt. Gerade über Intuition und Inspiration wird uns sehr vieles möglich. Aber entdecken können wir das nur, wenn wir aktiv werden und handeln.

Davor halten uns aber gewisse Dinge immer wieder ab. Es sind dies Dinge, die uns verführen, irreleiten und verblenden. Wollen wir diese Dinge «Götzen» nennen?

13 Falsche Götzen

Wie gerne würden wir doch die Aufmerksamkeit der andern auf uns ziehen! Aber was wir auch tun, wir kriegen einfach keine Beachtung!

Es gab Zeiten, da reichte es, wenn man sich die Haare bunt färbte oder sie ganz abrasierte, um die Aufmerksamkeit der andern auf sich zu ziehen.

Aber heute können wir ja unseren ganzen Körper von Kopf bis Fuss für immer und ewig perforieren und mit Tinte volllaufen lassen, nicht mal das regt noch die Aufmerksamkeit derer, die auch das Veilchen am Wegrand nicht erblicken.

Wenn wir als menschliche Wesen nicht mehr wahrgenommen werden, dann deshalb, weil die Menschheit heutzutage so viele Ablenkungen vorgesetzt bekommt, dass der Einzelne das Wirkliche und Wahrhaftige nicht mehr erkennen kann. Wir sehen vor lauter Bäumen den Wald nicht mehr; wir erkennen vor lauter Ablenkungen das Wesentliche nicht mehr.

Und so wundert es kaum, dass die Sinnhaftigkeit des Lebens verloren geht. Denn sobald etwas abgegriffen und langweilig geworden ist, kommt das Nächste. Und das geht immer wie schneller! Und je schneller wir einer Sache überdrüssig werden, je oberflächlicher werden wir selbst. Und so verkommen wir zu einem Konsumenten, der einfach nur noch visuell und physisch in sich hineinstopft und sich ab und zu in Form von Kritik und Überdruss übergibt, weil er zu voll ist, als dass noch etwas Platz in ihm finden könnte, um eine Gefühlserregung zu erwirken.

Wer sich ständig falschen Götzen hingibt, der muss sich nicht wundern, wenn er sich selbst verliert.

Dieses Büchlein hier möchte genau das Gegenteil bewirken. Nicht aus missionarischen Gründen. Denn jeder darf selbst entscheiden, was er will und was nicht. Aber wenn es einen Weg aus dem tristen grauen Vorort der Industriestadt geben soll, dann finden wir ihn wohl leichter dort, wo wir auf uns selbst bauen, als dort, wo wir darauf warten, dass andere uns helfen würden. Denn eines ist klar: Geholfen wird uns nur, wenn wir dafür bezahlen. Und was wir für unser Geld als Hilfestellung kriegen, ist nichts anderes als nur wieder ein weiterer falscher Götze.

Nur was wir lieben können, ist wahrhaftig. Und lieben können wir eben viel leichter Dinge, die einzigartig sind. Denn die vielen kleinen Details machen eine Sache liebenswert. Sie machen sie real, greifbar und fühlbar. Was aber ab Stange kommt und Millionen von Menschen glücklich machen soll, nur damit jemand damit viel Geld verdienen kann, das können wir aus Selbstschutz heraus nicht lieben.

Zwar können wir alles lieben, wenn wir es zu unserem eigenen machen. Aber das geht nur, wenn wir ihm unsere Aufmerksamkeit und unsere Liebe zukommen lassen. Wenn wir immer gleich vom einen zum andern wechseln, so verlieren wir uns in Oberflächlichkeiten und somit in der Sinnlosigkeit. Denn wir verlernen, die Details wahrzunehmen und lieben zu lernen. Es ist und bleibt die Liebe zum Detail, die uns am Leben erhält. Niemals werden wir über Götzen für längere Zeit glücklich werden können. Denn Götzen müssen immer wieder durch neue ersetzt werden, weil sie ihren Glanz so schnell verlieren – weil sie keine liebenswerten Details in sich tragen, an denen wir uns immer wieder erfreuen können.

Wenn Sie einen schön bemalten Tonteller geschenkt erhalten, dann freuen Sie sich womöglich darüber. Besonders dann, wenn Sie noch den Hinweis kriegen, dass dieser Tonteller von Hand hergestellt und bemalt wurde. Wenn nun aber Ihr Nächster einen genau gleichen Teller geschenkt kriegt, dann schwindet Ihre anfängliche Freude drastisch. Und sobald sie im Einkaufszentrum den Stapel Tonteller erblickt haben, die alle gleich aussehen wie der, den Sie geschenkt bekommen haben, dann verblasst selbst das Prädikat «handgemacht und handbemalt». Denn sofort steigt in Ihnen ein inneres Bild von mittellosen Fabrikarbeitern auf, die den ganzen Tag nichts anderes tun als Tonteller nach Norm herzustellen und immer gleich zu bemalen – eben so, wie man es ihnen befohlen hat.

Und während diese Mitarbeiter wenig Lohn und körperliche Beschwerden mit nachhause tragen, verdienen der Fabrikbesitzer und der Importeur über eine Auftragserteilung tausende von Euros. Und das nur, weil wir den falschen Götzen nachrennen und Dinge kaufen, die zu Staub und Asche werden, sobald wir sie gekauft haben.

Nein, ein Veilchen kann man nicht kaufen. Es muss von selbst wachsen und erblühen. Tut es dies nicht, so ist und bleibt es nur eine Täuschung unserer selbst.

Je mehr Geld wir haben, je grösser die Gefahr, dass wir uns Dinge kaufen, die wir gar nicht brauchen. Und je mehr wir haben, je mehr verkommt jedes einzelne Teil zu einem Götzen. Denn es verliert an Wert, weil es in der Masse untergeht. Wir haben nicht endlos viel Liebe zu vergeben. Wenn wir zu viele Dinge besitzen, dann können wir nicht mehr alle lieben. Und so verlieren alle an Wert für uns und werden ersetzbar – bis wir gar nichts mehr haben und gar nichts mehr lieben.

Und darum sollten wir nicht dem Geld hinterherrennen, denn das macht uns zwar materiell reich, aber psychisch arm. Wir sollten viel mehr die Chance im Kleinen und Einfachen suchen. Denn davon gibt es mehr als genug. Und zwar ohne, dass wir Geld dafür auszugeben bräuchten…

14 Die Chance im Kleinen

Der Autor wanderte mal an einem regnerischen Tag durch eine wenig bewohnte Gegend. Es war nass und kalt. Und wie gewohnt hatte der Autor nichts zu essen bei sich. Aber nach sieben Stunden Marschzeit in Nässe und Kälte überkam ihn doch ein leichtes Hungergefühl und der innere Wunsch, sich an etwas erfreuen zu dürfen.

Da sah er an einem alten Apfelbaum am Wege einen einzelnen Apfel hängen. Dieser Apfel war keineswegs ein Abbild von dem, was wir als ansprechend bezeichnen würden. Er hatte Schorf und war unförmig gewachsen. Dennoch pflückte ihn der Autor und ass ihn. Und während das Äussere des Apfels keineswegs schmackhaft aussah, so war der Geschmack des Apfels ein wahres Gedicht! Der süsse, kühle Saft des Apfels rief die Lebensgeister zurück und gab Kraft und Wille, um das restliche Stück des Weges noch zu gehen; Nässe und Kälte zum Trotz!

Wie viele Äpfel fallen ungepflückt zu Boden und verfaulen?

Mal erzählte ein älterer Mann dem Autor, dass er in der Nachkriegszeit als Kind ständig an Hunger gelitten hätte. Da habe ihm sein Grossvater gezeigt, wie man grüne Äpfel, die zu früh vom Baum gefallen sind, sammeln und pressen könne. Der Saft dieser

Äpfel ist süss und nahrhaft, selbst wenn die Äpfel noch nicht reif sind. Und so verbrachte der ältere Mann damals in seiner Kindheit mehrere Tage damit, Fallobst zu sammeln und von Hand in mühsamer Arbeit zu pressen, nur um an diesen Apfelsaft heranzukommen. Und tatsächlich hätte er dann nach drei vier Tagen das Gefühl gehabt, endlich wieder mal satt zu sein.

Wie weit sind wir von solchen Erfahrungen weg?

Es mag tragisch anmuten. Aber oft sind wir in der heutigen Zeit, in unserem Überfluss und Überdruss gezwungen, auf künstliche Weise ein Bedürfnis zu erschaffen, das wir dann über unsere eigenen Mittel zu befriedigen versuchen. Und indem wir dies tun, erfahren wir Genugtuung. Der Mensch lebt eben nicht nur vom Brot allein.

Wenn wir auf grosse Dinge aus sind, dann fällt es uns schwer, auf künstliche Weise ein Bedürfnis zu erschaffen. Wenn wir uns aber ab kleinen Dingen freuen können, so braucht es auch nur etwas Kleines, um uns glücklich zu machen.

Wer achtsam ist und gelernt hat, nach dem Veilchen am Wegrand Ausschau zu halten, der wird mit weniger Aufwand sehr viel schneller glücklich als jemand, der immer zuerst eine besondere Lebenskonstellation herbeiführen muss, auf dass er dann darin etwas Glück zu finden vermag.

Wer also die Chance, die im Kleinen verborgen liegt, erkannt hat, der wird immer schneller und mit weniger zufrieden sein. Denn er nähert sich so dem Grundsatz an, *dass weniger mehr ist.*

Dass weniger mehr ist, steht so sehr im Gegensatz zu dem, was unser kapitalistisches Wertesystem uns vorpredigt, wie die Tatsache, dass Oberflächlichkeiten in uns nicht Fülle, sondern nur Leere erzeugen. Und darum kommen wir nicht drum herum zu erkennen, dass wir durch scheinbare Attraktivität der Dinge rasch einer Oberflächlichkeit anheimfallen, die uns täuscht und auf die falsche Fährte leitet.

Was ist es, was Dinge attraktiv macht?

Sehr oft ist es nur der Schein. Und wer in diesem Schein nach Details sucht, der wird verwundert erkennen müssen, dass da nichts ist. Denn der Schein hat eine grosse Wirkung auf uns: Er blendet.

15 Attraktivität für Scheinende

Etwas, was in falschem Schein leuchtet, das strahlt wenigstens aus. Viel häufiger haben wir es heute aber mit blossen Projektionen zu tun. Es sind dies all die Menschen und Dinge, die da nur sind. Sie sind, ohne Selbstwert, Selbstachtung, einen eigenen Willen oder etwas Ehre zu besitzen. Sie tun ständig das Gleiche, ohne darüber nachzudenken. Und wenn man ihnen den Stecker auszieht, das heisst, wenn man ihnen jegliche Möglichkeit des Konsumierens nimmt, dann erlöschen und verschwinden sie.

Dennoch gibt es viele Subjekte und viele Objekte, die sich an Schein und Projektion orientieren. In diesem Kapitel versuchen wir zu ergründen, warum dem so sein könnte. Und wir werden Gründe finden, indem wir die Attraktivität des falschen Scheins etwas genauer untersuchen.

Etwas, was scheint, und uns dadurch blendet, dass nichts hinter dem falschen Schein zu finden ist, das täuscht uns. Es täuscht uns, weil es einen oder mehrere unserer verborgenen, inneren Wünsche zu enthalten vorgibt.

Schon immer haben Menschen das Glänzende, Scheinende und Leuchtende gesucht, weil sie gedacht haben, was da heller sei als das andere sei wertvoller.

Nun, ein weggeworfenes Alupapier einer gegessenen Tafel Schokolade glänzt auch.

Wir erkennen aufgrund dieser Aussage, dass es nicht der oberflächliche Glanz ist, der uns glücklich macht.

Aber alles, was falsch scheint, begründet seine Wirkung auf uns eben nur aufgrund von oberflächlichem Glanz. Wenn wir darauf hineinfallen, dann ist das unser Problem. Und mit der Zeit lernen wir ja auch, dass all der falsche Schein uns zwar unser Geld aus der Tasche zieht, dass hintendran aber wenig ist, was uns über längere Zeit glücklich machen kann.

Es gibt Leute, die wünschen sich einen eigenen Pool im Garten. Und wenn sie dann einen haben, dann sind sie glücklich. Sie sind so lange glücklich, bis sich die ersten Algen am Rand bilden und tote Insekten auf der Wasseroberfläche schwimmen. Und immer dann, wenn der Pool geputzt, unterhalten oder winterfest gemacht werden muss, verliert dieser Pool an Glanz. Dies geht meistens so weit, bis er gar nicht mehr in Betrieb genommen wird, weil dies zu viel Aufwand bedeuten würde und der Pool ohnehin all seine Attraktivität verloren hat – denn er scheint nicht mehr, weil wir seinen falschen Schein entlarvt haben.

Es gäbe viele weitere Beispiele für falsche Attraktivität, die über oberflächliches Scheinen auf uns zu wirken vermag. So werden die meisten Schiffe und Yachten in den Häfen nur selten flott gemacht. Die Sauna wird immer seltener benutzt und der Oldtimer steht unbenutzt in der Garage, weil jede

Ausfahrt mit ihm Stunden von Reinigungsarbeit mit sich bringt.

Also, es gibt ihn, den falschen Schein, der uns irreleitet und uns Dinge tun lässt, die meist irrational sind. Aber warum lassen wir uns irreleiten?

Diese Frage ist delikat. Denn wir können lange darüber nachdenken und kommen wohl meistens zur gleichen Antwort: Wir lassen uns irreleiten, weil wir selbst falsch scheinen oder uns von Menschen beeindrucken lassen, die ihrerseits einen falschen Schein aufrechterhalten.

Wer oberflächlich lebt, der hat das Veilchen am Wegrand noch nicht erblickt. Und wenn er es erblicken würde, so würde er es nicht als solches erkennen. Und so leben eben viele Menschen in Oberflächlichkeit, ohne zu wissen, was sie durch diese Lebensweise alles von sich fernhalten. Im Gegenteil! Sie lachen sogar über die Leute, die das Veilchen suchen, es betrachten und sich daran erfreuen.

Aber wir haben ja bereits gelesen, dass alle Oberflächlichkeit schnell an Glanz verliert, weil nichts hintendran ist. Und so führt für viele Menschen die Erkenntnis zu einer brutalen Ernüchterung, wenn sie erkennen müssen, dass auch sie selbst und ihre Mitmenschen oberflächlich unterwegs sind.

Aber mit all diesen Feststellungen sind wir noch immer nicht der Attraktivität des falschen Scheins auf die Spur gekommen.

Das ist aber auch nicht so schlimm, denn es handelt sich da um eine Kleinigkeit:

Die Attraktivität des falschen Scheins kommt aus der Vorspiegelung unserer eigenen Wünsche heraus.

Indem wir unsere eigenen Wünsche verändern, nehmen wir Einfluss auf die Attraktivität des Scheins, der von den Dingen, die da sind, ausgeht.

Wenn wir beeinflusst von Werbung und schnell lebenden Mitmenschen leicht auf Oberflächlichkeiten reagieren, dann lassen wir uns auch schnell vom Schein falscher Götzen verführen. Wenn wir aber gelernt haben, im Unscheinbaren einen wertvollen Glanz zu erkennen, dann reagieren wir immer mehr auf die Attraktivität, die aus dem Innern der Dinge heraus leuchtet.

Attraktivität kommt also aus unserer Einstellung und Wertschätzung heraus. Und indem wir die Details der kleinen Dinge lieben lernen, machen wir immer mehr Dinge attraktiv für uns, die tatsächlich etwas in sich tragen, was wahrlich zu scheinen vermag.

Wir lassen uns von der Attraktivität des falschen Scheins irreleiten, weil wir noch nicht gelernt haben, dass der Schein falsch ist, weil die Dinge, die wir beachten, zu oberflächlich wären, als dass sie von innen heraus zu leuchten vermöchten. Aber wir können dies ändern, indem wir an unserer Achtsamkeit, unserer Wertschätzung und unserer Dankbarkeit arbeiten.

Und da brauchen wir manchmal Hilfestellungen. Hilfestellungen sind dann gut, wenn sie uns helfen, ein Problem selbst anzugehen. Aber sie hindern oder schaden uns, wenn sie das Problem für uns wegnehmen und uns so des Lernprozesses berauben.

Versuchen wir im nächsten Kapitel mal eine Hilfestellung zu geben, auf dass die/der findige Leser/in eigene Hilfestellungen entwickeln kann.

16 Eis versus Gelato

Das italienische Speiseeis, so sagt man, sei das Beste!

Das italienische Speiseeis wird traditionellerweise in einer Gelateria offen und direkt zum Verzehr verkauft. Und es wird auch von Hand hergestellt.

Das sind nur die äusseren Faktoren, die dafür sorgen könnten, warum ein Gelato besser schmeckt als industriell hergestelltes Eis am Stiel.

Wer aber auch noch auf die Zutaten und die Rezeptur achtet, der stellt fest, dass italienisches Speiseeis in erster Linie auf echten Rahm setzt, während Industrieeis zum grössten Teil aus Kokosfett besteht. Dafür ist das italienische Eis auch fast dreimal so teuer wie Industrieeis.

Wundert es bei all diesen Unterschieden, dass das eine Eis besser schmeckt als das andere?

Das echte Speiseeis ist ein Original. Das andere nur eine billige Nachmache aus dem Nahrungsmittelindustriekonzern. Das eine wird fast täglich neu und frisch in kleinen Mengen hergestellt. Das andere wird millionenfach in komplexen automatisierten Fertigungsbahnen einer Fabrik konzipiert.

Wer gerne gutes Eis isst, der muss also das Spezielle suchen und tiefer in die Tasche greifen als derjenige, der günstig konsumieren will.

Und während ein Fertigeis am Stiel an jedem Strasseneck erhältlich ist, so müssen gute Gelaterias gesucht und gefunden werden.

Nun erkennen wir, dass die beiden Arten von Speiseeis ihre Eigenheiten und Umstände mit sich bringen:

Das schmackhafte Eis ist teuer und aufwändiger zu erhalten. Das Industrie-Eis ist billig und überall erhältlich.

Jedoch wird für Industrie-Eis viel mehr Geld in Werbung investiert als es einer Gelateria jemals möglich sein wird. Und Werbung, das wissen wir, arbeitet mit der Attraktivität des falschen Scheins.

Falschen Schein kann man also kaufen, während echte Originalität gesucht und gefunden werden muss. Das eine bringt Geld über manipulative Mittel ein, das andere überzeugt durch seine inneren Werte.

Nun mag es Menschen geben, die sagen, dass sie sich teures Eis aus der Gelateria nicht leisten könnten. Das ist sicher der Fall, wenn man täglich mehrere Kugeln davon zu essen wünscht. Wer aber ab und zu mal eine Kugel Gelato kauft und sich daran erfreut, der wird nicht mehr Geld ausgeben als jemand, der regelmässig ein Eis am Stiel kauft, weil er sich vom falschen Schein des Werbeplakates verführen lässt.

Weniger ist eben mehr!

Und weniger ist nicht nur mehr im Hinblick auf die Kosten, sondern auch in Hinblick auf die Qualität und die erfahrene Genugtuung.

Und so haben wir uns über unser Gelato-Beispiel eine Hilfestellung erarbeitet, die uns das veranschaulicht, worum es in diesem Büchlein eigentlich geht: Wer Wege herausfindet, wie er das Veilchen am Wegrand schätzen und lieben lernen kann, der braucht immer weniger, weil weniger mehr ist.

Es gibt viele solcher Kniffs und Tricks, wie man aus Unscheinbarem etwas Wertvolles machen kann. Es braucht nur Reflexion und die aus der so entstandenen Erkenntnis aufbauende Wertschätzung für die Dinge, die echt sind und uns nicht über die Attraktivität des falschen Scheins blenden.

Aber es gibt eben ach Fehler, die man begehen kann. Fehler, die dann das Gegenteil einer Hilfestellung darstellen. Fehler, die aus mehr immer weniger werden lassen.

Diesen Fehlern wollen wir kurz ein Kapitel widmen, auch wenn im Büchlein *«Moderne Versklavung – Wie und wodurch wir täglich versklavt werden»,* viel ausführlicher über die Thematik berichtet wird.

17 Selbstversklavung

Wer zu schnell und zu oft der Attraktivität des falschen Scheins anheimfällt, der baut sich damit ein Gefängnis, aus dem er nur noch mit Mühe herauskommen kann.

Machen wir es kurz: Es geht um Verschuldung.

Und es geht eben nicht nur um direkte Verschuldung, sondern auch um indirekte Verschuldung und das Herbeiführen von Abhängigkeiten aufgrund eines zu aufwändigen Lebenswandels.

Wer denkt, er würde mehr scheinen, wenn er in einem entsprechenden Personenwagen fährt, der irrt. Denn ein Personenwagen kostet so viel, dass man sich für den Preis tonnenweise Gelati kaufen könnte.

Aber dem ist noch nicht genug! Denn sehr häufig verfügen ja die Menschen, die auf die Attraktivität des falschen Scheins hereinfallen gar nicht über das Geld, um sich den falschen Schein leisten zu können. Und so leasen sie, nehmen Kredite auf und bauen Häuser auf der Basis von Hypotheken. Und jedes Mal wird von ihnen eine Anzahlung oder die Einbringung von Eigenkapital verlangt.

Dies führt dazu, dass diese Menschen all ihr Geld und die damit verbundene Entscheidungsfreiheit los sind. Und wie wenn dem noch nicht genug wäre, sind sie vertraglich auch noch über mehrere Jahre an

Zinszahlungen gebunden. Wer nicht bezahlt, der hat gar nichts mehr. Und dann, wenn die Verträge auslaufen, muss wieder neues Eigenkapital eingebracht werden, damit der falsche Schein und der gewohnte Komfort beibehalten werden können.

Dies führt zu einem lebenslangen Rennen im Hamsterrad. Und das Tempo geben die an, die uns mit falschem Schein geködert, über Verschuldung manipuliert und uns unserer Selbstbestimmung beraubt haben.

Wir wollen hier nicht länger auf die Thematik eingehen. Denn es reicht, wenn darauf hingewiesen wird. Aber darauf hingewiesen werden musste, weil sonst dieses Büchlein sinnlos wäre.

Was nützt es, wenn jemand das Veilchen am Wegrand sucht und gleichzeitig einen Leasingvertrag für ein Wohnmobil abschliesst?

Das Veilchen kann auch ohne Wohnmobil gefunden werden. Ein Wohnmobil aber bringt laufend weitere Kosten mit sich und bindet viele Ressourcen über Jahre, die dafür hätten genutzt werden können, sich anderswo «freizukaufen» und den Ansatz zu verfolgen, dass weniger eben mehr ist.

Natürlich kommt es immer auf die Umstände drauf an. Wenn jemand dank des Wohnmobils seinen Wohnort aufgeben und sich mehr der Natur hingeben kann, dann ist es was anders, als wenn das

Wohnmobil nur während vierzehn Tage im Jahr benutzt wird und sonst in der Garage steht, die ihrerseits monatlich Mietzins kostet.

Aber wer ausrechnet, wie oft und wie lange man schon nur für den jährlichen Wertzerfall eines Wohnmobils Urlaub machen kann, der wird erkennen, dass weniger tatsächlich viel mehr ist.

Verlassen wir aber diese Selbstversklavung, die eigentlich auf unserer Selbstüberlistung fusst, und wenden wir uns ab von der Möglichkeit, Schulden zu machen, nur damit wir vor uns oder vor andern falsch scheinen können.

Tun wir stattdessen das Gegenteil und behandeln wir noch den Moment in unserem Leben, in welchem jeglicher falsche Schein zwangsläufig abfällt. Was bleibt dann noch übrig?

18 Dann, wenn es so weit ist

Als Mensch gehören wir zu den Lebewesen, die zur Erkenntnis fähig sind – oder zumindest dazu fähig wären.

Natürlich ist es immer eine Frage, wie tief unsere Möglichkeit zu erkennen reicht. Aber ziemlich allen Menschen dürfte klar sein, dass man nicht ewig leben kann.

Dem ist so, weil unser physischer Körper ein Ablaufdatum hat. Irgendwann hat er seinen Dienst getan – und wir haben hoffentlich während dieser Zeitspanne unsere Aufgaben lösen können.

Am Tod führt kein Weg vorbei. Und es sterben sowohl der Liebhaber von Veilchen am Wegrand wie auch der Sammler von Oldtimern.

Wenn jetzt jemand auf dem Sterbebett liegt und fühlt, dass es so weit ist, was bleibt dann noch?

Es ist an und für sich müssig, hier noch weiterzuschreiben. Denn in der obigen Frage liegt alles zwischen den Zeilen, worum es in diesem Büchlein eigentlich geht.

Und dennoch wollen wir hier kurz festhalten, dass wohl von nichts so viel bleiben wird, wie von der Liebe, die wir in der Wahrnehmung der Details im Kleinen empfunden und für immer in unserem Herz bewahrt haben.

Die Liebe im Detail überdauert alles Zeitliche. Und sie transformiert sich im Moment des Scheidens. Sie kann sich deshalb transformieren, weil der Prozess des Sterbens den Schleier des Nichtwissens zu lüften vermag. Und während all die materiellen Dinge verblassen und verschwinden, wenn der *Schleier der Göttin Maya* gelüftet wird, treten all die Dinge umso klarer ins Licht der Ewigkeit, die für immer Bestand haben werden.

Und wohl aus diesem Grunde lohnt es sich, immer wieder nach dem Veilchen am Wegrand Ausschau zu halten und Liebe zum Detail aufzubringen. Denn was dadurch entstehen kann, wandelt sich zu Sterntalern, dann, wenn es so weit ist.

Rational und logisch erklären kann man so etwas nicht. Es ist ein gefühltes inneres Wissen, das wir aus Erfahrungen aus früheren Leben und aus Leben ausserhalb der irdischen Gesetzmässigkeiten mit uns führen. Und natürlich kann man sich den Herausforderungen solcher Aussagen entledigen, indem man auf Beweise pocht und sich dadurch verweigert, sich in die Thematik hineinzugeben.

Aber genau so wie wir unser Gewissen nicht loswerden können, können wir auch dieses Wissen nicht loswerden, dass am jüngsten Tag etwas kommen wird, was die Spreu vom Weizen trennen wird.

Wer gelernt hat, sich des Veilchens am Wegrand zu erfreuen, der wird dann, wenn es so weit sein wird, kaum Angst verspüren. Vielmehr wird er in Liebe auf die Details dessen achten, die sich ihm offenbaren. Denn auch wenn unsere Zeit fast alle Mysterien zu erklären vermag, so bleibt das grosse Mysterium des Todes für immer bestehen. Und dieses Mysterium hat seinen Ursprung am selben Ort wie das, was wir im Veilchen am Wegrand durch Fühlen zu erkennen vermögen, wenn wir es durch seine Details zu lieben lernen.

Wenn Menschen auf die Attraktivität des falschen Scheins hereinfallen, dann wohl nur, weil sie in ihrem innersten Herzen nichts anderes suchen und wünschen, als den Weg nachhause ans Licht zu finden. Aber dieser Weg wird eben durch das Leuchten des himmlischen Goldes erhellt, nicht durch den schnöden, faden Glanz des irdischen Goldes.

Und wer Licht sucht für den Weg, den er gehen wird, nach dem es so weit war, der tut gut daran, bereits heute Sterntaler zu sammeln. Sterntaler finden wir dort, wo die Veilchen wachsen…

Und Sterntaler werden nicht in einem zähen Lederbeutel gesammelt. Sie finden über unsere Liebe zum Detail Einlass in unser Herz und tragen dort Zinsen in Form von Wertschätzung, Nächstenliebe und guten Taten.

Wenn wir jetzt über dieses Kapitel hier eine Art spirituelle Basis für unser Thema gelegt haben, und wenn wir über seelischen Tiefgang fühlen konnten, dass es unscheinbare Dinge zwischen Himmel und Erde gibt, die uns erheben, berühren und für kurze Momente glücklich machen können, so wollen wir uns doch diesem Phänomen noch hingeben, indem wir das Fest des Lichts auch noch im Hinblick auf die Liebe zum Detail untersuchen.

19 Beispiel Weihnachten

Es ist davon auszugehen, dass Weihnachten ursprünglich ein Lichtfest war, das anlässlich des kürzesten Tages im Jahr gefeiert wurde. Denn dann, wenn die Tage wieder länger werden, erwacht alles zu neuem Leben.

In Zeiten, wo man nicht wusste, ob man den Winter überleben würde, brachten die längeren Tage und die wärmenden Sonnenstrahlen des Januars Hoffnung und Zuversicht. Aus Dankbarkeit dafür ein Fest zu feiern und dadurch die Natur zu ehren, auf dass sie für uns ihr Rad immer weiterdreht, kommt dem Sammeln von Sterntalern sehr nahe.

Natürlich hat die Kirche Weihnachten bedeutungsmässig anders gelegt. Aber eigentlich geht es über andere Inhalte um das Gleiche: Der Lichtbringer kommt zu uns Menschen, um uns aufzuzeigen, dass Nächstenliebe die krisenfesteste Währung des Universums darstellt; und dass Geben seliger ist, denn Nehmen.

Dass diese Erkenntnis daraus entstanden ist, dass das Veilchen am Wegrand gesucht und gefunden wurde, das scheint wahrscheinlich.

***

Und was hat unsere kapitalistische Gesellschaft aus dem Fest des Lichtes, der Hoffnung und der Nächstenliebe gemacht?

Hat sie es womöglich kommerzialisiert, veroberflächlicht und mit der Attraktivität des falschen Scheins belegt?

Menschen, die innerlich leer sind, versuchen über Konsum die innere Leere zu füllen. Und weil sie die Liebe zum Detail nicht kennen, zeigen sie eine äussere Form von Liebe, die sich dadurch äussert, dass Dinge gekauft und weiterverschenkt werden.

Es ist schön, wenn man etwas geschenkt bekommt. Besonders dann, wenn im Geschenk die Liebe zum Detail enthalten ist. Geschenke erfreuen uns wohl dann am meisten, wenn sie aus möglichst viel erbrachter Liebe bestehen.

Wenn jetzt aber einem Kind Dutzende von Geschenken an einem Tag gereicht werden, dann führen wir ja dadurch künstlich herbei, was wir in diesem Büchlein als so fatal für unsere Liebe zum Detail eruiert haben: Wir führen bei unserm Liebsten eine Reizüberflutung herbei, die für das Veilchen am Wegrand blind macht und die Liebe zum Detail über Verzettelung absterben lässt.

Wird so nicht das Fest des Lichts zum Fest der dunklen Mächte?

Veilchen am Wegrand zu pflanzen kann darum auch dadurch geschehen, dass wir über Erkenntnis Lichter anzünden, die den Weg zu erhellen vermögen; auf, dass wir erkennen können, ob wir auf dem wahren Weg es Lichts wandeln, oder ob wir in Verblendung hinters Licht geführt werden.

Wenn die Kerzen am Weihnachtsbaum in unserem Innern weiterbrennen und ihr tiefer Schein Erinnerungen an Weihnachtslieder und das Gefühl von erlebter Geborgenheit unserer Kindheit im Schosse unserer Familie hervorzubringen vermögen, dann darum, weil nicht der äusseren Ablenkungen Aufmerksamkeit geschenkt wurde, sondern weil selbst bei einem grossen Fest wie Weihnachten das Veilchen am Wegrand nicht unbemerkt blieb.

Und so kommen wir langsam zum Ende dieses Büchleins. Dieses Ende soll aus einem Wunsch des Autors bestehen, den er dem Vorort der Industriestadt widmet, mit dem dieses Büchlein seinen Anfang nahm.

20 Last Wish

Der Autor wünscht sich für den Vorort der Industriestadt, den er besucht hat, dass durch Mensch und Natur Hoffnung im Kleinen entstehen möge.

Er wünscht sich, dass die Rentner, dann wenn sie auf der Bank vor der Kirche am Fluss sitzen, das Leuchten des blauen Gefieders des Eisvogels sehen können, wenn dieser vorbeifliegt.

Der Autor wünscht sich auch, dass das junge Pärchen statt ihrer Sorgen und Problemen das Hüpfen ihres Kindes sehen können – und das offene und fröhliche Lachen auf seinem Gesicht.

Er wünscht sich, dass jemand vor dem Eingang der Bar oder des kleinen Supermarktes einen Blumentopf mit blühenden Blumen drin aufstellt – auf, dass die Mitarbeitenden und die Kunden etwas inneren Schein tanken können, der ihnen ihren Tag erhellen hilft.

Der Autor wünscht sich, dass die Menschen in der Pizzeria nicht kommen, um mit Essen ihre innere Leere zu füllen. Sondern dass sie kommen, um zu geniessen und dem Tag einen erinnerungswürdigen Abschluss anzugedeihen.

Kurz und gut: Der Autor wünscht sich, dass das, was bereits da ist, wahrgenommen wird, indem man es wertschätzt und es so zu lieben lernt. Denn wer liebt, der trägt etwas in sich, was er weitergeben kann. Und so bleibt den Leuten in diesem Vorort zu wünschen, dass sie über diese kleine Menge an Liebe in ihrem Herzen die Hoffnung nicht verlieren, dass das, was da ist, durchaus gut ist und Sinn macht. Denn wenn das ein paar Menschen erkennen können, und wenn sie dadurch dazu motiviert werden, selbst einen Beitrag in Form einer Kreativität, einer Blume oder einer liebreizenden Verschönerung an ihrer Haustüre zu leisten, dann können auch andere womöglich dazu gebracht werden, das mit ihren Mitmenschen zu teilen, was in ihnen schlummert.

Natürlich können viele der Menschen, die in besagtem Vorort leben, mit den Wünschen des Autors nichts anfangen. Der Autor versteht das. Er versteht auch, dass diese Leute lieber mehr Geld, Komfort und Sicherheit hätten, als all die nicht sattmachenden Wünsche. Aber es liegt halt nun mal nicht in den Möglichkeiten von Geld, die innere Leere in den Menschen zu füllen, auf dass diese Sinn und Glück fühlen und erleben dürften.

Geld führt nicht zu Hoffnung, sondern nur zu Mangel und Verführung. Wenn jemand einen Euro borgen will, dann gib ihm zwanzig und schenke sie ihm. Warum? Weil wir doch eigentlich auf dieser Welt wären, um einander zu helfen.

Aber gib jeder Person nur einmal Geld. Denn dein Geschenk soll inspirieren und motivieren, nicht abhängig machen.

Was würde es in Ihnen bewirken, wenn Sie zwanzig Euro geschenkt bekommen würden?

Was würde es in Ihnen bewirken, wenn Sie ein zweites oder ein drittes Mal von der gleichen Person zwanzig Euro erhalten würden?

Wer sich in solche Gefühlsexperimente hineingibt, der erkennt wohl immer deutlicher, worum es dem Autor in seinem letzten Wunsch geht: Es geht darum, dass immer neue Freude in immer neuartiger Form in unser Herz findet und uns glücklich machen kann. Denn nur unser Herz kann aus Freude Liebe und Hoffnung machen. Und nur über unsere Nächstenliebe wird es uns möglich, das, was uns innerlich Kraft gibt, an andere weiterzureichen.

Ging es Ihnen auch schon mal so richtig mies? Hat dann ein guter Freund Sie in die Arme genommen? Oder hat irgendetwas in der Natur die Sonne so wunderschön durch die Wolken scheinen lassen, dass Ihnen die Tränen in die Augen gestiegen sind?

Ein Regenbogen ist etwas vom Schönsten, was die Natur zu bieten hat. Und gleichzeitig erinnert er an ein Versprechen. Uns ist es nicht möglich, Regenbogen am Himmel erscheinen zu lassen. Wir können aber andere darauf hinweisen, wenn wir einen sehen. Oder wir können ersatzmässig über kleine Dinge die Schönheit in der Welt für andere erkennbar machen.

Und darum wünscht sich der Autor, dass das Veilchen am Wegrand zur Blume unseres Herzens wird. Nicht nur unseretwegen, sondern vor allem zugunsten der Menschheit als Ganzes. Denn eigentlich wären wir doch da, um einander zu helfen. Und das Veilchen hat wohl vom Schöpfer die Aufgabe erhalten, uns immer wieder daran zu erinnern.

Und so kommt dieses Büchlein mit einem letzten Wunsch zum Abschluss. Der Bogen ist geschlossen – zumindest beinahe.

Schliessen wir ihn mit dem Schlusswort ganz.

21 Schlusswort

Die Gegend, in der der Autor seinen Urlaub mit einer Fahrradtour verbracht hat, erlebte im Winter 1870/71 eine Tragödie: Im Deutsch-Französischen Krieg mussten die Soldaten der *Bourbaki-Armee* sich zurückziehen und wurden schliesslich eingekesselt, so dass ihnen nur noch die Flucht über die Grenze in die Schweiz übrig blieb. Nicht dass die Schweiz in allen Belangen selbstlos gehandelt hätte, denn der französische Staat musste später alles zurückbezahlen. Aber immerhin hat sich die Schweiz damals bereit erklärt, die 87 000 Mann und 12 000 Pferde aufzunehmen und auf die Familien in der Schweiz zu verteilen. Die Schweiz war damals ein armes Auswanderungsland. Die Wintervorräte neigten sich dem Ende entgegen und ein Bevölkerungswachstum von drei Prozent über Nacht stellte das kleine Land und seine Einwohner materiell und emotional vor Herausforderungen. Aber bei Anbetracht der Tatsache, dass die französischen Soldaten erschöpft, verletzt und ausgehungert die Nächte bei bis zu minus dreissig Grad verbringen mussten, gewichtete eben mehr als die Angst um das eigene Essen. Und so kam es zur Geburtsstunde des Schweizerischen Roten Kreuzes. Einer humanitären Einrichtung, die dort Hand anlegte, wo die Not am grössten war.

Nein, wir brauchen uns keine rosafarbenen Bilder auszumalen. Auf Rosen gebetet wurden die französischen Soldaten nicht. Auch kam für viele von ihnen die Hilfe zu spät. Aber immerhin durften sie etwas erleben, was die zwei Extreme der Menschheit voneinander trennt: Das eine Extrem ist der Krieg, der nur nimmt und nur Verlierer zurücklässt. Das andere Extrem ist die Hoffnung, die durch Nächstenliebe, als Funken im Innern eines jeden Menschen, die Welt auf einen Schlag verändern kann.

Brauchen wir denn immer wieder Tragödien, auf dass wir darauf hingewiesen werden, wie einfach wir doch einander Mut machen könnten? Oder wollen wir es nicht mal über einen anderen Weg versuchen? Womöglich über den Weg, den uns das Veilchen vorgibt, indem es uns aufwartet, dann, wenn wir vorbeikommen?

Viele von uns denken, dass die Regierung und die Politik unsere Probleme lösen sollten. Was aber, wenn es keine Regierung, keine Politik und keine Gesetze mehr brauchen würde? Was, wenn gegeben würde, nicht genommen?

Alles kann verändert werden. Aber Veränderungen herbeizuführen kann nur die Menschheit als Ganzes. Und damit die Menschheit sich in ihrer Trägheit einer Veränderung hingibt, braucht es etwas, was sehr stark zu wirken vermag. Dieses etwas kann nicht aus einem einzelnen Aspekt bestehen. Es muss sich auf viele verschiedene Aspekte abstützen können. Und es muss aus Millionen von kleinen Lichtblicken entstanden sein.

Auf der Erde leben viele Milliarden Menschen. Wenn jeder etwas Licht aus seinem Innern beisteuert, dann reicht das aus, um ganze Felder von Veilchen wachsen zu lassen.

Aber das Besondere an einem Veilchen ist ja, dass es klein und unscheinbar ist. Das Veilchen lebt vom Detail im Kleinen. Und darum braucht es die Individualität in Form von Kreativität und Inspiration eines jeden einzelnen Menschen. Denn nur über diese können einzigartige Details entstehen. Und indem wir unsere Liebe zum Detail zulassen, kann eine Veränderung nach und nach Realität werden.

Nein, nicht die andern lösen die Probleme für uns. Denn es gibt keine Probleme. Es gibt nur Herausforderungen, die uns helfen zu lernen und zu erkennen. Wenn wir uns ihnen hingeben, so werden wir genug von dem erhalten, was wir brauchen, um es weiterreichen zu dürfen. Und vom Geben ist noch keiner arm geworden.

Wenn der Autor es wagt, Bücher wie dieses hier zu schreiben, dann nur, weil er immer und überall einzelne Menschen beobachten durfte, die über ihre Persönlichkeit das Gute im kleinen Rahmen ihrer Möglichkeiten mehren halfen. Es werden Lieder gesungen, Gedichte geschrieben, Bilder gemalt, Blumen gepflanzt und so vieles mehr. Und alles trägt dazu bei, uns glauben zu lassen, dass es vorwärts geht.

«On écrit sur les murs le nom de ceux qu'on aime. Des messages à des jours à venir... »

Wenn wir diese Liedzeile des Liedes, das *Demis Roussos* gesungen hat, genauer betrachten, dann stellen wir fest, dass die Möglichkeiten, wie wir Mitmenschen helfen können, niemals zur Neige gehen. Denn wenn selbst in den dunkelsten Beton-Unterführungen die Namen derer an der Wand stehen, die wir lieben, dann sind dies Lichtblicke für kommende Tage. Und wenn wir *in den Blicken um uns herum die Zeichen der Hoffnung zu erkennen vermögen*, dann sollte uns das ausreichen, Veilchen auch dort wachsen zu sehen, wo sie von Natur aus nicht wachsen können, weil der Mensch sie bereits verdrängt hat.

Wer weiss, vielleicht würde eine Inschrift an einer Betonmauer im Vorort unserer Industriestadt etwas bewirken können. Denn auch während der Maiunruhen in Paris im Jahre 1968 wurden solche Inschriften verfasst. Eine davon lautete: *«Regardez vous, vous êtes tristes!»* (Schaut euch an, ihr seid traurig!)

Der Schweizer Chansonier *Mani Matter* hat daraus ein Mundartlied geschrieben, das mit der Aussage endet:

«Manchem, dem das Leben wehtut,

erinnert sich dadurch wieder daran.»

Vielleicht müssen wir zuerst leiden, damit wir den Kopf hängen lassen. Denn nur wenn wir unseren Blick auf den Boden gerichtet halten, können wir das Veilchen erkennen…

Und so wünsch der Autor all den Menschen, die Bücher lesen, Gedanken hegen und Hoffnung entstehen lassen, dass das Leid kleiner und die Liebe zum Detail grösser werde. Denn irgendwie muss man ja irgendwo anfangen. Versuchen wir es bei uns selbst, auf dass wir als erste erfahren, dass im Kleinen eine riesengrosse Kraft schlummert, die derjenige zu erwecken vermag, der auch dann nicht aufgibt, wenn die Nacht am finstersten ist…

Die grössten Menschen sind diejenigen, die anderen Hoffnung geben können.

(Jean Jaurès)

Anmerkung

Natürlich ist es mehr als nur ein Detail, ob es sich bei einem Menschen um eine Frau oder um einen Mann handelt. Und dennoch hat der Autor in diesem Büchlein weitgehend darauf verzichtet, korrekt zu gendern. Er tat dies in erster Linie, um den Lesefluss zu verbessern. Aber dennoch hat er etwas unterlassen, was in unserer Gesellschaft immer noch nötig wäre.

Was nun aber, wenn das Detail des Geschlechts über Liebe wettgemacht werden könnte? Denn der Liebe ist es einerlei, ob es sich um eine Frau oder einen Mann handelt. Dem ist so, weil die Liebe die wahre Seele erkennt, nicht die äusseren geschlechtsspezifischen Merkmale. Und wenn es uns nach und nach gelingt, vom Oberflächlichen wegzukommen und immer mehr in die Tiefe der Details vorzudringen, so dürften wir früher oder später auf die Erkenntnis stossen, dass alles in seinen Verschiedenheiten eins ist.

Wer also den Mann in der Frau und die Frau im Mann entdecken und schätzen gelernt hat, der hat gute Voraussetzungen dafür, auch die unscheinbaren Veilchen am Wegrand zu Gesicht zu bekommen…

Hinweis

Dieses Buch wurde vom Autor Michael von Känel geschrieben. Die Inhalte und Weisheiten aber, die diesem Buch zugrunde liegen, stammen von Frau Liselotte von Hagen. Sie aber wünscht, anonym zu bleiben. Und sie hat ihre guten Gründe dafür. Darum übergibt sie alle Rechte an den Verlag denkmalnach.ch und verzichtet darauf, als Autorin genannt zu werden. Und entsprechend wird der Name des Schreibers dort eingesetzt, wo unser System nach einem Namen für einen Autor verlangt. Aber zwischen dem Schreibenden und der Urheberin der Inhalte liegen Welten. Und daher der grosse Dank dafür, dass dieses Büchlein trotzdem veröffentlicht werden darf.

Titelverzeichnis des Verlags denkmalnach.ch

Die Titel sind wie folgt erhältlich:

- Als **Taschenbuch** zurzeit nur bei **amazon.de**
- Als **E-Book** im *Kindle*-Format bei **amazon.de** und immer mehr auch als *ePub* für **Tolino** bei **Weltbild, Thalia, Hugendubel etc.**
- Teilweise als **Hörbuch** bei fast allen Anbietern

Verlag: www.denkmalnach.ch

Autor und Suchbegriff: Michael von Känel

Bücher der Reihe *Spirituelles Wissen*:

	Meditieren *Eine Annäherung an Sinn und Zweck des Meditierens*
	Heilen *Ein Crashkurs in energetischem Heilen*

	Heilen 2 *Unterstützende Ausführungen zum Crashkurs energetisches Heilen*
	Heilen 3 *Anwendungsbeispiele mit Skizzen zum Crashkurs energetisches Heilen*
	Heilen 4 *Grundsätze der Energiearbeit und des energetischen Heilens*
	Heilen 5 *Veranschaulichungen von Heilprozeduren und Heilungsprozessen*
	Sterben *Der Tod als unsere wahre Lebensversicherung*
	Der Antichrist *Der Versuch über unser Ego den Teufel zu erklären*
	Die innere Stimme *Wie wir uns von ihr führen lassen und ihr vertrauen lernen können*

	### Die geistige Welt *Warum die Realität nicht mehr als ein Traum ist*
	### Die Bewusstheit zu sein *Schranken des Lebens ablegen, um frei zu sein*
	### Weisheit – Perlen und Irrtümer *Wie Weisheit erhebt oder verblendet*
	### Quo vadis? *Geheimnisse über den Weg, den wir gehen*
	### Heilen 6 *Energetisches Heilen und damit verbundene umfassendere Sichtweisen*

Bücher der Reihe *Gesellschaft verstehen*:

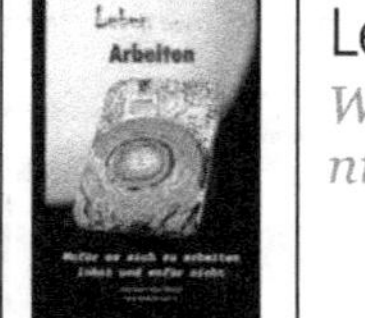

	### Leben statt Arbeiten *Wofür es sich zu arbeiten lohnt und wofür nicht*

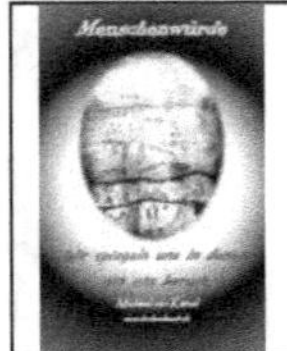

	Menschenwürde *Wir spiegeln uns in denen um uns herum*

Bücher der Reihe *«Augenmerk Hochsensibilität»*:

	Band 1 – Portrait eines hochsensiblen Menschen *Einblick in den Werdegang und die Erfahrungen eines feinfühligen Menschen*
	Band 2 – Die Wahrnehmung eines hochsensiblen Menschen *Wie und was hochsensible Menschen wahrnehmen können und warum*
	Band 3 – Hochsensibilität in Verbindung mit Achtsamkeit *Was alles möglich wäre aus Sicht eines hochsensiblen Menschen*

Bücher der Reihe *«Vision 3000»*:

	Vision 3000 Band 1 – Die Welt ist im Wandel *Es stehen Veränderungen an...*
	Vision 3000 Band 2 – Veränderungen machen uns zu schaffen *Neue Denkansätze helfen*

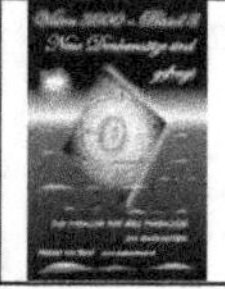

	Vision 3000 Band 3 – Neue Denkansätze sind gefragt *Der Mensch hat das Potenzial zu antworten*

Romanserie mit spirituellem Hintergrund
Tränen des Drachen:

	Tränen des Drachen – Band 1 *Comfortably numb – Angenehm berauscht*
	Tränen des Drachen – Band 2 *Seventh Son of a seventh Son –* *Der siebte Sohn des siebten Sohnes*
	Tränen des Drachen – Band 3 *Stairway to Heaven – Die Himmelsleiter*
	Tränen des Drachen – Band 4 *Child in Time –Ein Kind der Zeit*
	Tränen des Drachen – Band 5 *Warriors of the World – Krieger der Erde*

<table>
<tr>
<td>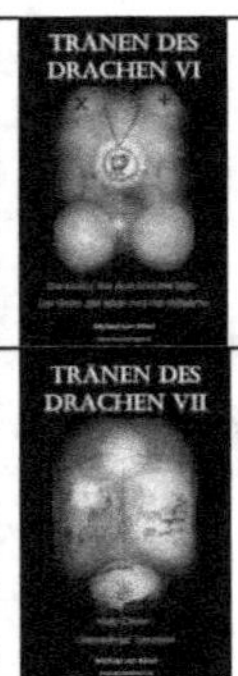</td>
<td>

Tränen des Drachen – Band 6
*The Good, the Bad and the Ugly –
Der Gute, der Böse und das Hässliche*

</td>
</tr>
<tr>
<td></td>
<td>

Tränen des Drachen – Band 7
Holy Diver – Geweihter Taucher

</td>
</tr>
</table>

Serie *Philosophie und Bildung*:

<table>
<tr>
<td>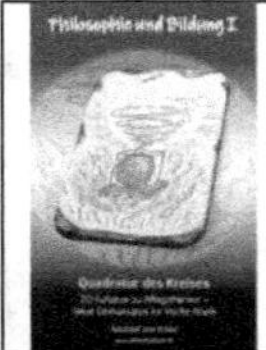</td>
<td>

Philosophie und Bildung – Band 1
*Die Quadratur des Kreises
20 Aufsätze zu Alltagsthemen – Neue Denkansätze
für frische Köpfe*

</td>
</tr>
<tr>
<td>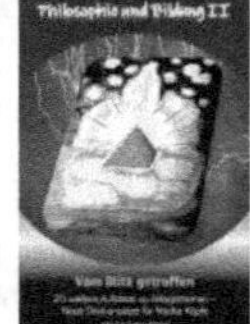</td>
<td>

Philosophie und Bildung – Band 2
*Vom Blitz getroffen
20 weitere Aufsätze zu Alltagsthemen – Neue
Denkansätze für frische Köpfe*

</td>
</tr>
<tr>
<td>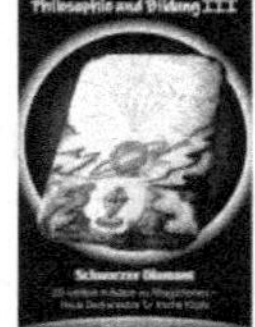</td>
<td>

Philosophie und Bildung – Band 3
*Schwarzer Diamant
20 weitere Aufsätze zu Alltagsthemen – Neue
Denkansätze für frische Köpfe*

</td>
</tr>
<tr>
<td>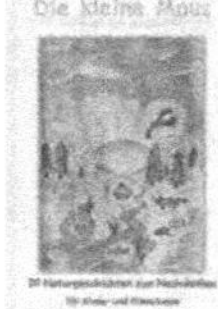</td>
<td>

Die kleine Maus
*20 Naturgeschichten zum Nachdenken für Kinder
und Erwachsene*

</td>
</tr>
</table>

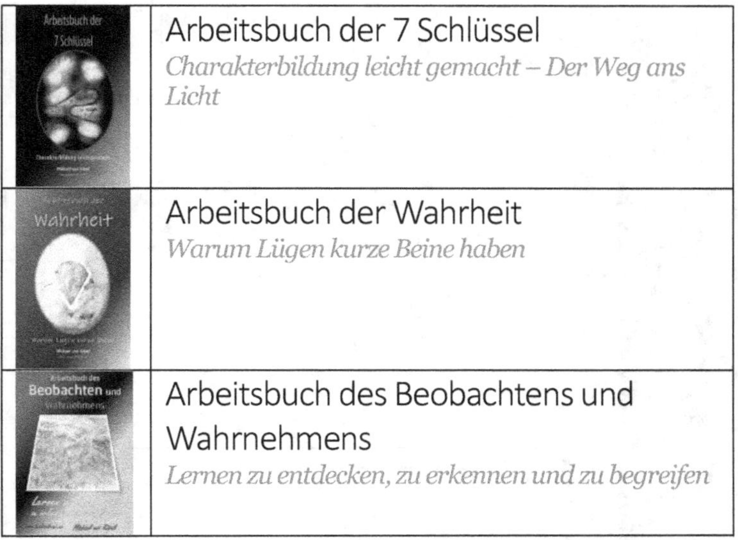	**Richtig (v)erziehen** *Warum lieb sein zu Kindern böse ist*
	Lehrermangel *Warum der Lehrerberuf so anstrengend ist*
	Sich selbst sein *Auf dem Weg in die persönliche Unabhängigkeit*

Serie *Arbeitsbücher der Achtsamkeit*:

	Arbeitsbuch der 7 Schlüssel *Charakterbildung leicht gemacht – Der Weg ans Licht*
	Arbeitsbuch der Wahrheit *Warum Lügen kurze Beine haben*
	Arbeitsbuch des Beobachtens und Wahrnehmens *Lernen zu entdecken, zu erkennen und zu begreifen*

Serie *Übungsbücher der Achtsamkeit*:

	Übungsbuch der Spiritualität *30 Übungen zum Erfahren spiritueller Aspekte*
	Übungsbuch der Achtsamkeit *30 Übungen zum Erfahren, Beobachten und Wertschätzen*
	Übungsbuch der Selbstwirksamkeit *30 Übungen zum Erkennen, was möglich sein könnte*

Serie *The Best - The Rest – The Rare*:

	Harry Potter enthüllt *Eine spirituelle Erklärung für den Erfolg der erfolgreichsten Buchreihe aller Zeiten*
	Gesammelte Gedichte *40 gesammelte Gedichte mit Tiefgang, aus der Feder der Autorengemeinschaft* <u>www.denkmalnach.ch</u>
	E-Bike to work *Wie das Elektrovelo mein Leben verändert hat*
	Ein Quantum Trost *Für jeden Tag ein Bild und eine Aussage, um sich an die Hoffnung zu erinnern*

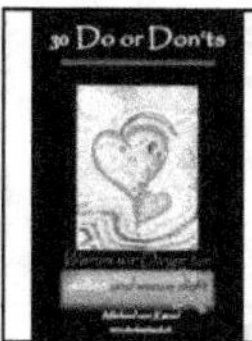

30 Do or Don'ts
Warum wir Dinge tun sollten und warum nicht

Bücher der Reihe *Erfolgreich durchs Leben*:

*Bereits komplett **als Hörbuch** erhältlich!*

	Teil 1 - Erfolgreich leben 1: Lernen mit Geld umzugehen; *Grundwissen über Geld und den Umgang damit als Basis für mehr Selbstwirksamkeit*
	Teil 2: Erfolgreich leben 2: Selbstsicherheit aufbauen; *Hinstehen und ohne Unsicherheit sich selbst sein dürfen*
	Teil 3: Erfolgreich leben 3: Effizient Lernen; *Grundsätze des Lernens, die den Wissenserwerb erleichtern helfen*
	Teil 4: Erfolgreich leben 4: Sich Ziele setzen können; *Warum man Ziele nur erreichen kann, wenn man welche hat*
	Teil 5: Erfolgreich leben 5: Absichten durchschauen; *Was hinter dem Verhalten anderer Menschen und Institutionen steht*
	Teil 6: Ursache und Wirkung 1: Übergewicht verstehen; *Wie Übergewicht zustande kommt - und was man tun kann*

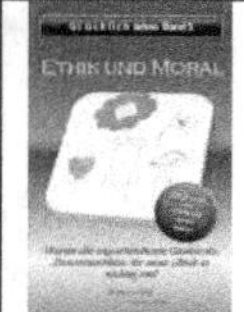

<table>
<tr><td></td><td>Teil 15: Glücklich leben 5: Ethik und Moral; Warum die ungeschriebenen Gesetze des Zusammenlebens für unser Glück so wichtig sind</td></tr>
</table>

Bücher der Reihe *Die Wirkung von... :*

<table>
<tr><td></td><td>Die Wirkung von Angst auf unser Leben
Was Angst alles behindert und verunmöglicht</td></tr>
<tr><td></td><td>Die Wirkung von Lärm auf unser Wohlbefinden
Wie Lärm uns beunruhigt und uns Kraft raubt</td></tr>
<tr><td></td><td>Die Wirkung von Musik auf unsere Selbstwahrnehmung
Wie Musik uns zentriert und beruhigt</td></tr>
<tr><td></td><td>Die Wirkung von Bildschirmkonsum auf unser Leistungsvermögen
Wie Bildschirme uns ablenken und unsere Leistung senken</td></tr>
<tr><td></td><td>Die Wirkung von Sport und Bewegung auf unsere Ausgeglichenheit
Was Sport bewirkt und wann er nützt</td></tr>
</table>

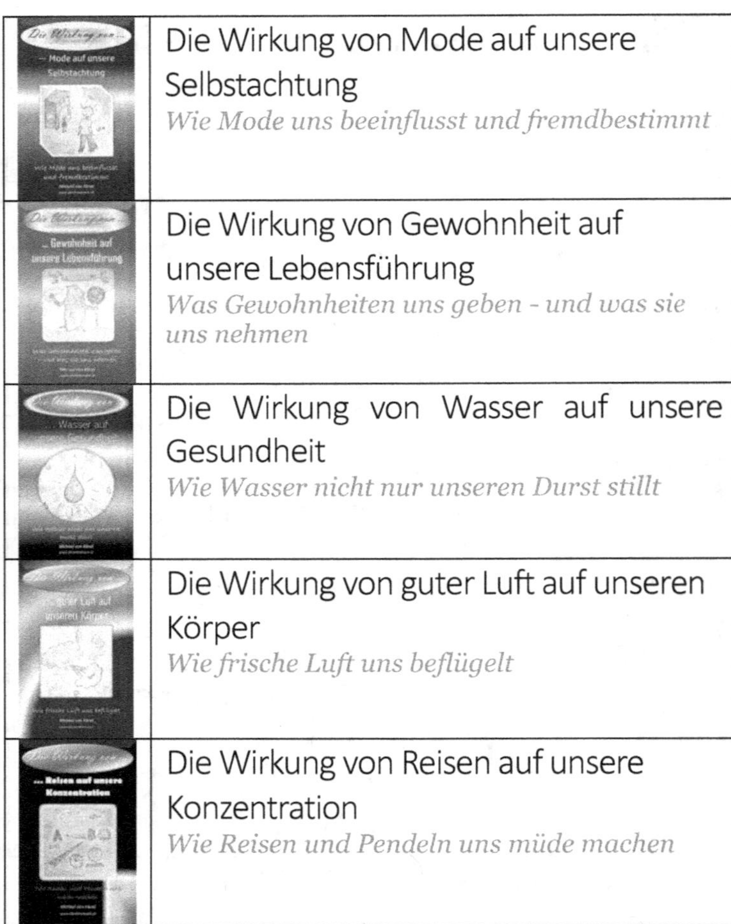

	Die Wirkung von Mode auf unsere Selbstachtung *Wie Mode uns beeinflusst und fremdbestimmt*
	Die Wirkung von Gewohnheit auf unsere Lebensführung *Was Gewohnheiten uns geben - und was sie uns nehmen*
	Die Wirkung von Wasser auf unsere Gesundheit *Wie Wasser nicht nur unseren Durst stillt*
	Die Wirkung von guter Luft auf unseren Körper *Wie frische Luft uns beflügelt*
	Die Wirkung von Reisen auf unsere Konzentration *Wie Reisen und Pendeln uns müde machen*

Die Klappentexte zu den einzelnen Büchern sowie die Serienbeschreibungen sind in den Online-Shops beim jeweiligen Titel aufrufbar.

Verlag: www.denkmalnach.ch

Autor: Michael von Känel